从零开始学做
绩效管理
绩效考核设计与优化实战全案

鲍玉成 ● 著

化学工业出版社
·北京·

绩效考核是绩效管理非常重要的组成部分，科学而有效的绩效考核既能帮助员工提高工作技能，提升工作效率，又有助于提升企业人力资源管理水平和经济效益。

本书从绩效管理最重要、最核心的内容——绩效考核入手，全书按照绩效考核的步骤逐一介绍，具体分为10章。第1章总述绩效管理的概念、作用、阶段等，以及与绩效、绩效考核的内在联系；第2章至第10章，按照企业做绩效考核工作的常规逻辑进行分述，分别为：制订绩效考核计划→设计考核指标→量化考核指标→确定考核方法→设计绩效考核表→考核结果运用→绩效结果运用→进行绩效面谈→绩效监督跟进。

为便于操作，本书设置两个附录，全部以表格的形式呈现，程序化、模板化，有利于读者随用随查。附录1包括绩效管理制度模板、绩效考核实施细则模板、绩效考核实施总结报告模板，以及各环节重点涉及的考核表模板；附录2分享了企业关键部门的绩效考核方案，如人力资源部门、采购部门、生产部门、销售部门、物流部门、财务部门、行政部门、电子商务部门等。

图书在版编目（CIP）数据

从零开始学做绩效管理：绩效考核设计与优化实战全案/鲍玉成著. —北京：化学工业出版社，2019.8

ISBN 978-7-122-34438-0

Ⅰ. ①从… Ⅱ. ①鲍… Ⅲ. ①企业绩效-企业管理 Ⅳ. ①F272.5

中国版本图书馆CIP数据核字（2019）第085541号

责任编辑：卢萌萌　　文字编辑：李　玥　　装帧设计：水长流文化
责任校对：王鹏飞　　美术编辑：王晓宇

出版发行：化学工业出版社（北京市东城区青年湖南街13号　邮政编码100011）
印　　刷：三河市航远印刷有限公司
装　　订：三河市宇新装订厂
710mm×1000mm　1/16　印张14½　字数256千字　2020年2月北京第1版第1次印刷

购书咨询：010-64518888　　　　　　　　　售后服务：010-64518899
网　　址：http://www.cip.com.cn
凡购买本书，如有缺损质量问题，本社销售中心负责调换。

定　　价：59.00元　　　　　　　　　　　　　　版权所有　违者必究

前言

绩效管理是人力资源管理非常重要的组成部分，科学而有效的绩效管理既能帮助员工提高工作技能，提升综合素质，又有助于企业资源的优化配置和协调，提升企业的经济效益。

本书最大的特点是，不对绩效管理进行全场景式的展现，而是从其最重要、最核心的内容——绩效考核来写。全书紧紧围绕绩效考核实务展开，包括准备、计划、实施、评估和反馈等各个环节，主题突出、脉络清晰、结构完整、布局合理、内容丰富，力争设计出一套科学的、有效的、适合新时代需求的企业和个人绩效考核体系、方案，为企业管理人员进行绩效考核管理工作提供丰富的资料及完整的参考。

全书严格按照绩效考核这一主题进行撰写，具体分为10章。第1章总述绩效管理的概念、作用、阶段等，以及与绩效、绩效考核的内在联系；第2章至第10章，按照企业做绩效考核工作的常规逻辑进行分述，分别为：制订绩效考核计划→设计考核指标→量化考核指标→确定考核方法→设计绩效考核表→考核结果运用→绩效结果运用→进行绩效面谈→绩效监督跟进。

设计考核指标和考核结果运用分别用两章来介绍，重点突出了指标量化（第4章）和绩效薪酬（第7章）的内容。之所以这样安排，是因为这两部分内容是绩效考核工作中的重中之重。

量化指标可使考核结果更客观、公正，也更能直接体现绩效结果。对指标进行量化，是企业管理人员做绩效指标设计时一直坚持的原则。任何指标都要以定量指标为主、定性指标为辅，不能量化的要转化，不能转化的要细化，不能细化的要流程化。

绩效薪酬也是大多数企业重点关注的一个板块。所谓绩效薪酬，就是根据员工的绩效而发放的那部分薪酬。绩效与薪酬是紧密相连的两个部分，很多企业直接将绩效考核结果与员工薪酬挂钩，作为薪酬方案的确定和薪酬发放的重要依据。本书对绩效薪酬的分类、制订方法、组合模式做了详细介绍和分析。

本书还设有两个附录，全部以表格的形式呈现，程序化、模板化，有利于读者随用随查。附录1包括绩效管理制度模板、绩效考核实施细则模板、绩效考核实施总结报告模板，以及各环节重点涉及的考核表模板；附录2包括企业关键部门的绩效考核方案，如人力资源部门、采购部门、生产部门、销售部门、物流部门、财务部门、行政部门、电子商务部门等。

由于水平和时间所限，书中难免有错误和疏漏之处，敬请广大读者批评指正。

目录

第1章 了解绩效管理，做好绩效考核

1.1 绩效的概念 … 002
1.2 绩效管理的概念 … 003
1.3 绩效管理的作用 … 004
1.4 绩效管理的5个阶段 … 006
    1.4.1 准备阶段 … 006
    1.4.2 计划阶段 … 007
    1.4.3 实施阶段 … 008
    1.4.4 评估阶段 … 009
    1.4.5 反馈改进阶段 … 009
1.5 绩效考核的概念 … 011

第2章 制订绩效考核计划，开启新考核周期

2.1 绩效计划在考核中的作用 … 014
2.2 绩效计划的概念、内容和分类 … 014
2.3 制订绩效计划应符合的3点要求 … 016

2.4 制订绩效计划的5个基本步骤　　017
　　2.4.1 设定适合的绩效目标　　017
　　2.4.2 让员工充分了解绩效目标　　021
　　2.4.3 共同制订绩效计划内容　　023
　　2.4.4 审核计划，对计划可行性进行评估　　024
　　2.4.5 签订绩效合同，形成考核方案　　027
2.5 设定考核周期　　031
2.6 绩效考核的实施　　033

第3章 设计考核指标，考核有据可依

3.1 指标——考核的重要依据　　038
3.2 指标分类标准和相应类型　　039
　　3.2.1 根据考核的视角　　039
　　3.2.2 根据标准的形态　　040
　　3.2.3 根据评估的内容　　041
　　3.2.4 根据评估的手段　　042
3.3 考核指标的设计步骤　　047
　　3.3.1 做好职位分析　　047
　　3.3.2 提炼关键绩效指标　　051
　　3.3.3 关键绩效指标：KPI　　054
　　3.3.4 设计指标权重　　057

第4章 量化考核指标，保证考核实施

4.1 量化考核指标的重要性和必要性　　060

4.2 量化指标的4个标准　　060

4.3 量化指标的5个原则　　061

4.4 量化指标的两种表述形式　　064

4.5 量化指标的表述方式　　065

第5章 确定考核方法，科学有效评估

5.1 组织绩效考核方法　　070

　　5.1.1 目标考核法：以目标为导向进行考核　　070

　　5.1.2 平衡计分卡考核法：战略绩效管理工具　　072

5.2 个人绩效考核方法　　077

　　5.2.1 行为考核法：根据行为表现进行考核　　077

　　5.2.2 特性考核法：建立分组模型，划分等级　　082

　　5.2.3 比较考核法：两两比较，局部比较　　084

　　5.2.4 360度考核法：对中层考核的重要方法　　086

5.3 对人的考核　　090

　　5.3.1 能力 + 态度　　090

　　5.3.2 人岗匹配　　091

5.4 对事的考核　　093

第 6 章 设计绩效考核表,提高考核效率

6.1 考核表的作用　　　　　　　　　　096

6.2 考核表的组成部分　　　　　　　　098

6.3 被考核信息的权重设置　　　　　　098

6.4 涉及考核表的注意事项　　　　　　100

第 7 章 考核结果的直接运用:薪酬激励与奖罚

7.1 绩效考核与薪酬管理　　　　　　　102

7.2 制订薪酬的4种方法　　　　　　　104

7.3 薪酬的两大分类　　　　　　　　　108

7.4 薪酬的3种组合模式　　　　　　　111

7.5 不同模式下的4种薪酬结构　　　　113

第 8 章 绩效结果运用:完善激励机制,提升员工素质

8.1 有利于绩效奖金的合理发放　　　　117

8.2 有利于岗位调动、职位晋升　　　　119

8.3 有利于完善企业培训机制　　　　　121

8.4 企业招贤纳士的重要依据　　　　　123

8.5 指导员工职业生涯规划　　　　　　124

第9章 进行绩效面谈，调整个人绩效

9.1 绩效面谈的作用   128

9.2 绩效面谈的内容   129

9.3 绩效面谈的准备工作   132

9.4 消除员工的紧张心理   134

9.5 采用正确的面谈方法   136

    9.5.1 分析考核结果   136

    9.5.2 肯定员工所取得的成绩   138

    9.5.3 巧妙指出员工的不足   140

    9.5.4 多听少说，找出问题   142

9.6 帮助员工解决问题   144

9.7 广开言路，鼓励反馈   147

第10章 绩效监督跟进，找出美中不足

10.1 结合存在的问题，制订具体改进方法   151

10.2 绩效分析，协助员工绩效改进   154

10.3 列出发展所需，保证绩效改进顺利执行   155

10.4 多形式监督跟进，保证绩效改进计划效果   157

附录1 绩效考核常用考核表模板

    附录1.1 绩效管理制度   161

附录1.2　绩效考核实施细则（办法）　　163

　　附录1.3　绩效考核实施总结报告　　168

　　附录1.4　年终绩效奖金分配方案　　170

　　附录1.5　360度考核法绩效表　　174

　　附录1.6　目标考核法绩效表　　178

　　附录1.7　平衡计分卡考核法绩效表　　179

　　附录1.8　各阶层被考核者绩效考核表　　182

附录2　企业关键部门绩效考核方案

　　附录2.1　人力资源部绩效考核方案　　185

　　附录2.2　采购部绩效考核方案　　190

　　附录2.3　生产部绩效考核方案　　194

　　附录2.4　销售部绩效考核方案　　198

　　附录2.5　物流部绩效考核方案　　203

　　附录2.6　财务部绩效考核方案　　207

　　附录2.7　行政部绩效考核方案　　211

　　附录2.8　电子商务部绩效考核方案　　215

参考文献　　221

第 1 章

了解绩效管理，做好绩效考核

绩效考核是绩效管理最重要、最核心的内容，
隶属于绩效管理这个大学科中。
因此，要想做好绩效考核，必须先了解绩效管理，
以及绩效、绩效管理与绩效考核的关系。

1.1 绩效的概念

有个小女孩，身体非常瘦弱，体育课每次跑步她都是最后一个到达终点。这曾一度让她非常沮丧，甚至越来越害怕上体育课。后来，她将这个情况讲给了妈妈听，妈妈安慰道："没关系，因为你年龄最小，可以跑在最后。不过，你一定要记住下次的目标，那就是追上前一名。"小女孩默默地点了点头。

当再上体育课时，她就奋力追赶自己前面的一位同学。结果，果然追上了，一次，两次……从此她更加有信心，因为她的目标很简单，就是追上跑在自己稍前的那名同学。一个学期结束，她从倒数第一名，跑到前三名，更重要的是她开始喜欢上了体育课。

这个小故事将绩效的含义解释得清清楚楚。所谓绩效，就是做出成绩，见到效果。因为只有见到效果，结果才有可能变得更好。其实，做任何事情都是这个道理，最终都是为了取得一个比较理想的结果。绩效则是一种结果，是实施者通过付出劳动而得到的预期效果。

接下来，我们再来了解一下绩效的学科概念。

绩效，从字面意思上理解是"绩"与"效"的合体，"绩"是指业绩、成绩，"效"是指效益、效果。绩效这个词运用范围很广，适用于任何事情。本书重点讲企业绩效，是狭义上的绩效概念，具体是指一个企业、一个组织中个人（群体）在特定时间内，已达成或预计达成的、可描述的、可衡量的工作行为和结果。

综上所述，所谓绩效，简而言之就是"有成效的业绩"，也就是说，绩效必须是已实现，或预计在特定时间内可实现的工作行为和结果。绩效必须靠结果来说话，凭空推测、想象，或者理想状态下的目标不能构成绩效。这是我们理解绩效这个概念的核心和关键，也是管理学上学科定义紧紧围绕的中心，如图1-1所示。

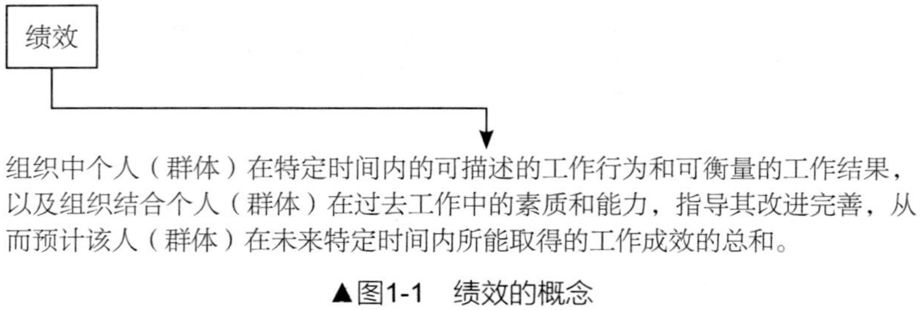

绩效 → 组织中个人（群体）在特定时间内的可描述的工作行为和可衡量的工作结果，以及组织结合个人（群体）在过去工作中的素质和能力，指导其改进完善，从而预计该人（群体）在未来特定时间内所能取得的工作成效的总和。

▲图1-1 绩效的概念

为了更好地理解这个概念，我们可以将其进行分拆，总结出4个要点，只要掌握以下要点即可，如图1-2所示。

▲图1-2　绩效概念的4个要点

1.2 绩效管理的概念

企业的整个绩效不仅是对组织和个人结果的监控，也是对整个过程的监控，于是，从绩效考评上升到更重要的理论高度后，就可把它称为绩效管理。所谓绩效管理，是指识别、衡量，以及开发个人和组织团队的绩效，并使这些绩效与组织的战略目标保持一致的持续性的过程。所以有如下两个重要的概念。

一是要辨别是需要的还是不需要的，绩效就是把它们专门提炼出来，重点加以管理的过程。

二是要重点管理的那些绩效，要同整个机构发展的目标相吻合，这就是所谓的与组织战略相吻合，这也是一个非常重要的概念。

绩效管理通常被看作是一个循环，这个循环分为4个环节，即绩效计划、绩效辅导、绩效考核与绩效反馈，如图1-3所示。

▲图1-3　绩效管理的4个环节

放在绩效管理整个体系中，绩效考核可以被看作是实现绩效管理的具体手段，是对绩效管理过程和结果进行测量的过程。因此，绩效考核被认为是企业绩效管理中的一个重要环节，深刻影响着企业的绩效。

1.3 绩效管理的作用

现在，很多企业确立了自己的绩效管理制度，并将其作为一项长期制度来执行，有些企业还形成了极具特色的绩效考核法。

案例 1

海尔集团是我国民营企业的杰出代表，早在2000年，张瑞敏就提出了"OEC管理法"，至今一直沿用。这是一种什么管理方法呢？据悉，OEC管理法是一种非常先进的考核机制，由三个基本系统构成，即目标系统、日清控制系统和有效激励机制。

这套考核机制有明确的考核标准，甚至具体到了每天、每个工作环节，从而保证在最短的时间内对被考核者的绩效进行考核。其中，日清控制系统是海尔一直在使用的。对此，张瑞敏总结出了日清控制系统的三大好处。

第一，能较为清晰地记录员工的工作过程，为绩效管理提供了一手资料，大大促进了考核的准确性和及时性。

第二，能对员工的工作绩效进行及时评估和反馈，使每个员工能在较短时间内了解自己的优点与不足，有利于及时改进。

第三，大多数考核者在对工作业绩进行考核时，会受到外界因素的影响和干扰，间隔时间会延长。间隔时间越长误导性就越强，这样很多考核都是凭借主观感觉，考核的有效性就会大打折扣。日清控制系统将考核周期控制在了当天，真正做到日事日毕，有效地避免了考核人员受外界因素的干扰。

海尔集团正是靠着先进的管理体系，才能屡屡创造出中国企业界的奇迹。当然，多数企业没有海尔集团的资源优势与管理优势，还难以形成日事日毕的考核体系。这至少说明，一套科学的、合理的、完善的考核标准是做好绩效管理的前提和保障。如果没有这个前提和保障，所有工作就像一盘散沙，无法融合在一起。

例如，联想集团独具特色的"静态的职责＋动态的目标"绩效管理体系，就巧妙地将目标管理和绩效考核相结合，围绕两条主线展开，建立起目标与职责协调一致的岗位责任考核体系。

那么，绩效管理为什么如此深受企业钟爱呢？这是因为它具有不可忽视的作用。绩效管理对企业绩效的达成有很大的促进作用，且是多重作用。这些作用集中表现在4个方面，如图1-4所示。

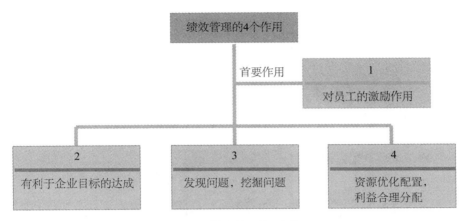

▲图1-4　绩效管理的4个作用

（1）对员工的激励作用

绩效管理的首要作用就是最大限度地调动资源，优化配置，激发员工的积极性，挖掘每个人的潜能，使企业内外始终保持高昂的士气、强大的竞争力。

通过对业绩的评估，将员工聘用、职务升降和培训发展、劳动薪酬相结合，使得企业激励机制得到充分运用，有利于企业的健康发展；同时也便于员工本人建立不断自我激励的心理模式。

绩效管理对员工激励作用的核心在于与薪酬的结合上。薪酬与绩效在人力资源管理中，是两个密不可分的环节。在设定薪酬时，一般将薪酬分解为固定工资和绩效工资。绩效工资正是通过绩效予以体现的，而对员工进行绩效考核也必须表现在薪酬上，否则绩效和薪酬都失去了对员工的激励作用。

（2）有利于企业目标的达成

绩效管理本质上是一种过程管理，不仅仅是对结果的考核，还有更深层的作用，即是否适合企业的长远发展需求，对企业发展最终目标的实现是否有促进作用，能否帮助企业尽快实现预期目标。它是将中长期的目标分解成年度、季度、月度目标，不断督促员工实现、完成的过程，有效的绩效管理能帮助企业达成目标。

（3）发现问题，挖掘问题

绩效管理是一个PDCA不断循环的过程，即对各个环节进行不断的计划、实施、检查、处理的循环。而且这个过程会时时体现在整个绩效管理中，包括绩效目标设定、绩效要求达成、绩效实施修正、绩效面谈、绩效改进、再制订目标的循环，这也是一个不断发现问题、改进问题的过程。通过考核发现问题、改进问题，找到差距进行提升，最后达成双赢。

（4）资源优化配置，利益合理分配

与利益不挂钩的考核是没有意义的，员工的工资一般都分为两个部分：固定工资和绩效工资。绩效工资的分配与员工的绩效管理得分息息相关。所以一说起考核，员工的第一反应往往是绩效工资的发放。

不过，值得注意的是，绩效管理的最终目的并不是单纯地进行利益分配，而是促进企业与员工的共同成长。

1.4 绩效管理的5个阶段

1.4.1 准备阶段

绩效管理的整个过程，按照先后次序大致可分为五个阶段。第一个阶段是准备阶段，该阶段的主要任务是：指定考核者，深入分析企业的性质、所处的发展阶段，尤其要透彻研究企业经营现状、人员结构，并对企业进行准确定位。这也是准备阶段所要准备的内容。

考核者是绩效考核活动的主体，直接决定着考核效果。一个好的考核者才能够使考核活动有公平、公正的结果，才能让被考核者信服。那么，具备什么样的素质，才能称得上是一个好的考核者呢？

第一，必须是行业内的专家。

第二，考核者对于从事该职位工作的人的胜任能力、素质有非常清晰的了解。

第三，具有一定的公信力。考核者必须是人们认可的内部人员或者是外部聘请的与本企业毫无关系的人员，这样才能保证他们的考核是比较公正的。

总之，要想成为一个好的考核者，必须熟悉职位、熟悉人的能力、熟悉职位和人的能力的匹配度，各方面信息都得对称，同时应有一定的公信力。如果这三者都很混乱，思路搞不清楚，那么这个绩效考核的结果也将必然是有失公允的。

不同企业的考核目的不尽相同，同一企业在不同的发展阶段的考核目的也不尽相同。

此外，考核是有成本的，所以考核一定是有结果上的需要，包括正向激励和负向激励。负向激励就是惩罚，正向激励中最重要的就是薪酬的提升。

要特别提醒设计企业绩效考核制度的管理者，绩效考核最大的问题是成本问题，考核本身有成本，考核后一定要奖优惩劣，而其中最主要的就是奖优，奖优最终都是靠钱来解决问题，一旦花了钱，最大的风险就是未必会产生更大的绩效。

换言之，花了钱不一定能收到成效。企业的管理者有没有承受的财力呢？没有这种承受财力那就不要做考核，做了一定要奖优，如果有财力但又不愿承受的话，那就是管理者本身的问题。也就是说，管理者不愿意承担风险，那他就一定不是个好的管理者。

1.4.2 计划阶段

绩效管理的第二个阶段就是计划阶段。很多管理者买了很多书，学了很多东西，设计的表格都是这里抄一段、那里剪辑一下加工而成的，这样的绩效效果可想而知。究其原因，就是没有计划。计划就是对未来一段时间内所做工作的规划，既能保证工作按时、按质完成，又能便于审时度势，应对新情况，做到具体问题具体分析。

那么，如何来做绩效管理计划呢？绩效管理计划主要解决以下3个问题。

（1）通过绩效考核希望达到什么目的

企业做考核最终要的就是某个明确的结果，结果是考核的最终目的，也是升职、加薪、人才提拔、制订下年度目标的重要依据。因此，考核必须以结果为导向，"为什么而考核"这是企业在考核之前必须回答的问题。

另外，不同的考核目的所用的考核计划、考核方式也不同。想要达到什么样的结果就制订什么样的考核计划，采用相应的考核方法、考核指标。

（2）通过绩效考核希望树立什么标准和规范

绩效考核对于员工的要求其实质就是表达一种信号，即哪些是企业允许作为的，哪些是企业禁止作为的，哪些是员工可以作为或者不可以作为的。换言之，就是企业要清晰地告诉员工，哪些是要奖励的行为，哪些是要惩戒的行为，哪些是员工的权利，哪些是员工的义务，等等。

（3）考核结果出来后对绩效有什么改善

企业对员工的表现进行了分类之后，就要制订出优者提拔、平者留用和培训提高、劣者淘汰的规定。这也为管理者寻找到了下一步的工作方向和工作目标。绩效考核如果没有达到奖优惩劣的效果，那么非但不能维持原状，反而会使得结果更糟糕，即有可能出现逆向淘汰的情形。

所谓逆向淘汰，就是表现好的反而被淘汰了，这是因为没有惩罚表现差的员工，实际上就等于惩罚了优秀员工，优秀员工会认为自己吃亏了，于是便有可能弃企业而去。

1.4.3 实施阶段

绩效管理的第三个阶段就是实施阶段，也叫达成阶段。它就是为了绩效考核而进行的绩效考核行为和过程。

有人曾问一个优秀的马拉松运动员：你怎样能取得如此好的成绩呢？他说："跑之前我就到这个比赛场地去看了一下，把全程划分为每十公里一个的小目标，完成了一个十公里再完成下一个十公里，把一个大目标切割成很多小目标，一个一个来完成，这样就会觉得非常有帮助，也比较容易实现和完成。每完成一个小目标就觉得很有成就感，于是信心大增，这是非常有效的。"

做事情最有效的方法，就是把一件复杂的事情分割成很多件小事情，然后逐件完成。每次完成一个小目标就是对信心的一种鼓励，这个方法非常重要。无论是读书，还是在企业里面从事一项大工程，都可以采用这种方法。

例如，要写一本书，该如何高效地完成呢？可以先把这本书做简单的切割。比如，分十章，然后再定每一章计划用多少天来完成，每天计划写多少字。这样，一本二十万字的书就可以切割成很多小目标，每天完成一点，不但能保质保量按时完成，而且还使人有一种成就感。假如，没有计划、没有头绪地乱写，不但写得一塌糊涂，而且效率极低，即使十年也很难完成。

企业的绩效考核也一样，实施绩效考核也应当把年度目标先做切割，如每月、每周、每天甚至每小时每个人该完成多少。每一段时间的目标完成了，先庆祝一下、奖励一下、表扬一下，然后再进行下个阶段的考核，这对员工来说是一种鼓励和提升。

当然，更重要的就是要及时反馈，将每个阶段性小目标的进展情况及时反馈给员工，让每个员工对已经达成的目标、尚未达成的目标、还有多少距离、时间的把握、节奏的掌握等，做到心中有数，这样才有可能发挥员工的主观能动性，使每个员工都有一种主人翁的感觉，掌握自己的工作效率，而不是始终觉得在被动地被人推着、赶着往前走，久而久之员工也就学会了这样的工作思维方式，为未来成为管理者打下基础。

1.4.4 评估阶段

绩效管理的第四个阶段是评估阶段，当考核完成后，需要对这一阶段的工作进行总结，虽然是最后一个阶段，但是对整个考核工作来说十分重要，就好比马拉松长跑冲向终点的那一刻，是对该阶段考核工作的"盖棺定论"。

这一阶段工作有以下3个要点，具体如下。

（1）确定评估对象

哪些人需要被评估，事先必须明确，这个相当重要。因为并不是参加考核的所有人都要被评估，而是选择最具有代表性的，否则工作量太大，效果反而会适得其反。

（2）确定评估者

选择合适的评估者，将会大大提升考核的认可程度。一般来说，评估者需要符合下面3个标准：首先，人品要好，诚信、正直、能够仗义执言。其次，专业性强，做事能够准确把握分寸，让上司放心。最后，必须是被考核者都信得过的人，口碑很好。

（3）选择评估方法

要想取得良好的评估结果，工作方法很重要，用什么样的评估方法势必会影响到评估的客观性、精准性。因此，用什么评估方法必须先确定下来。当然，这还要结合被考核者的实际情况、考核过程以及考核结果等。

1.4.5 反馈改进阶段

绩效管理的第五个阶段就是反馈改进阶段，包括绩效结果反馈和绩效改进两部分。

（1）绩效结果反馈

所谓绩效结果反馈，就是将结果告知员工，甚至是公布于众。很多企业不敢或者不愿意公布考核结果，包括考核后的奖金发放情况也不愿意公布。究其原因，就是担心员工的心理失衡。实际上，这是对考核的有效性没有信心，也就是说，管理者本身都不敢相信自己设定的考核是公平的，这样就很难做到公正、公开。所谓考核中的"三公"原则几乎很少有企业能够真正做到。

做好企业的绩效考核结果反馈工作，主要应做到下列3点。

1）成立考核委员会。考核委员会主要处理考核后的申诉问题，即部分员工对考核结果提出的异议。成立这样一个委员会就是为了让员工有申诉的权利，可以对很多考核背后的问题加以处理，确保考核的公正性。

2）将申诉处理结果公布于众。很多企业采用"打闷包"的方式对待员工，即不公布结果。发生这种情况有多种因素，其中一个重要的因素是人情面子问题，就是担心员工会出现互相攀比等现象。这也是常见的问题，所以企业可以采取逐步过渡的办法。

先把考核优秀的情况公示一下，一则可以鼓励先进；二则可以让员工对考核优秀者进行监督，防止"拉帮结派"现象的发生。当然，对于优秀者更重要的是给予奖励，没有奖励任何人都会有失落感。员工需要鼓励，鼓励最好的灵丹妙药就是物质激励，精神激励也重要，但是不如物质激励的意义大——尤其对于还在为生计担心的员工而言，更是如此。

3）对考核结果差者予以保护，允许他们在一定的时期内改正或者改变绩效，可以不对外公布考核结果，但一定要与本人沟通。

沟通主要针对以下3大内容。

① 本次考核结果不尽如人意的原因；

② 分析问题出在哪里，是态度问题还是能力问题；

③ 以前的工作有哪些值得肯定，有哪些需要改进。

如果评估的结果导致这位员工被淘汰，那么就需要进行更深入的沟通说明，以防止该员工行为过激导致出现更糟糕的局面。

（2）绩效改进

绩效改进是绩效反馈后需要做的一项工作。在经过前四个阶段（第一个循环）以后，最后一个阶段便是对前面实施的计划进行一些反馈和修正，于是便到了第二个循环的计划：绩效改进计划。绩效改进计划，是根据员工有待发展提高的方面，所制订的在一定时期内完成有关工作绩效和工作能力改进与提高的系统计划。其内容包括工作能力、方法、习惯等有待提高的方面。

确保上述五大步骤的实施，是做好企业绩效管理工作的前提，也就是说，有了这五大步骤，绩效管理的成功不一定能保证；但是没有这五大步骤，企业绩效管理保证不成功。

1.5 绩效考核的概念

在对绩效、绩效管理充分了解的基础上，再来理解绩效考核就不会太难了。绩效考核，是指围绕绩效而进行的考察、分析与评估等一系列考核的活动。绩效与考核本是两个完全不同的行为，但在长期的企业管理实践中，形成了一个约定俗成的管理制度和理念。两者相辅相成，缺一不可。如果只有绩效没有考核，所得的任何绩效都无法长久，也无法向更好、更完美发展。

对此，我们先来看一个寓言故事。

案例2

一位猎人买了几条猎狗来抓野兔，为了激励它们抓更多的兔子，于是就拿骨头诱惑它们。凡是在打猎中抓到兔子的就可以得到几根骨头，否则就没骨头吃。为了获得骨头，猎狗们纷纷努力去追兔子，毕竟谁也不愿意看见别人吃骨头，自己饿着。

过了一段时间，问题出现了，聪明的猎狗发现大兔子非常难抓，而小兔子比较容易抓到，而抓到大兔子和抓到小兔子所得到的骨头差不多，于是聪明猎狗就专门抓小兔子。慢慢地，所有猎狗都发现了这个问题，都开始专门抓小兔子。

猎人发现抓过来的兔子只有小的，没有大的，便对猎狗们说："最近你们抓的兔子越来越小了，为什么？"猎狗说："反正得到的骨头都一样，为什么要去抓大的呢？"

后来，猎人引入了竞争机制，每过一段时间，就统计一次猎狗抓到兔子的数量和总重量。根据抓到兔子的数量和总重量来奖励不同数量的骨头，情况立马得到了改观，因为骨头越多对猎狗们的诱惑力越大。

这个故事告诉我们，没有考核就没有绩效，或者说绩效很小。猎人在猎狗中引进了考核机制，根据抓到兔子的数量和总重量确定奖励骨头的多少，其实这就是一种考核。这与很多企业给员工发工资是一样的道理，采用固定工资制和根据业绩采用浮动工资制，员工的积极性肯定不一样。下面就来了解一下绩效考核的概念，如图1-5所示。

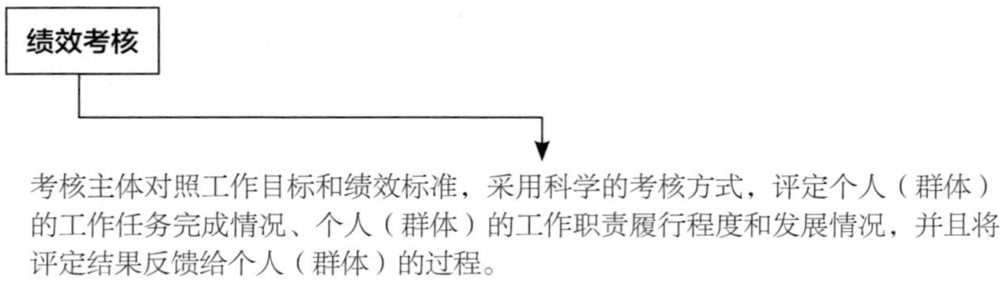

绩效考核
考核主体对照工作目标和绩效标准，采用科学的考核方式，评定个人（群体）的工作任务完成情况、个人（群体）的工作职责履行程度和发展情况，并且将评定结果反馈给个人（群体）的过程。

▲图1-5　绩效考核的概念

对绩效考核的概念，也可以利用分拆法去理解，将其分为5个要点，这些要点共同构成一个完整的过程，缺一不可，如图1-6所示。

企业考核部门及考核人员
考核主体
员工行为和工作业绩
考核对象
员工反馈考核结果达到改进绩效的目的
结果反馈
考核方法
运用特定的标准和指标
考核结果运用
运用考核结果指导员工行为

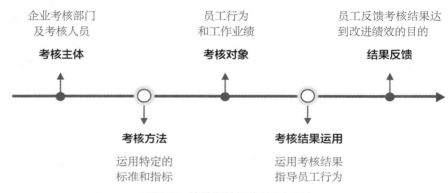

▲图1-6　绩效考核概念的5个要点

第 2 章

制订绩效考核计划，开启新考核周期

"凡事预则立，不预则废"。
为达到预期目标，通常需要针对考核目标制订详细的规划和安排，
以保证目标顺利达成，这就是绩效考核计划。
绩效考核计划是针对绩效目标而制订的计划，
是绩效管理的主要环节，是一种有效的反馈控制和激励手段。

2.1 绩效计划在考核中的作用

绩效考核计划（绩效计划）是有效进行绩效考核的前提，没有绩效计划，所谓的绩效考核只能流于形式，对被考核者的行为和业绩没有任何约束性和指导性。

案例1

某企业为了激励员工更好地工作，让人力资源部开始做绩效考核计划。人力资源部经理按上级指示做了一份考核计划，主要内容是对员工的工资进行等级划分，并根据考评结果设置一定额度的奖励，对于表现好的员工额外发给奖金。

而事实上呢，员工抱怨这就是种"表演"式的考核，考核结果无法客观真实地反映自己的工作现状及业绩。

原来，所谓的考核就是填写表格，每到考核期，主管就会把一份内容差不多的考核表发给每位员工，让员工相互评价并打分。同时，部门主管也会对员工的表现进行评价和打分，最后，再结合上级的评分，得出考评结果。而人事部门也是靠这一结果来直接决定对员工进行奖励或惩罚。

就这样，考评变成了填表游戏，形同虚设的"表演"，绩效好与不好完全靠分数而定，更重要的是，对于企业中存在的问题却不知如何改进。

上述案例中的问题，在很多企业中都存在，尤其是中小企业，他们对绩效计划的理解是片面的，误以为绩效计划就是做一份表格，让员工玩个表格游戏。这也是为什么很多企业的绩效考核，做着做着就做成了给员工看的"表面工程"的原因。所谓的考核制度最终也只能流于形式，丝毫起不到激励作用，反而有可能打击员工的积极性，抑制员工的创造性。

为什么很多绩效考核只能流于表面、流于形式？根本原因就在于缺乏科学、合理的计划。绩效计划是绩效管理的一种有力工具，是绩效考核体系的第一步。它体现了企业上下级、考核者与被考核者之间的承诺，是企业利益和员工个人利益的有机整合。

2.2 绩效计划的概念、内容和分类

（1）绩效计划的概念

绩效计划，是考核者和被考核者就考核期间，对有关工作标准、工作目标以

及实现过程进行沟通，同时将沟通结果落实为正式书面的协议。这个协议用于指导被考核者的行为，目的是让被考核者明确自己的责、权、利，从而高效地开展工作。

（2）绩效计划的内容

日常工作中会涉及很多计划，计划是未来行动的蓝图，是为实现既定目标而对未来行动所做的统筹安排。它是未来一切行动的指导性文件，为执行者提供了从当前通向未来目标的路线。一般来讲，计划的内容既要涉及目标，也要涉及目标实现的具体方法；既要体现结果，也要体现过程，即为实现结果而采取的措施。

由此可见，一个绩效计划至少要包括以下3项内容，即绩效目标、实现绩效目标的步骤、绩效标准，如图2-1所示。

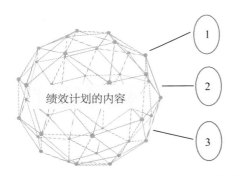

▲图2-1 绩效计划的内容

（3）绩效计划的分类

绩效计划有不同的分类方法，也可以分为很多种，常见的分类方法是按照时间划分和按责任主体划分。

绩效计划按时间可以分为年度绩效计划、季度绩效计划、月度绩效计划等。年度绩效计划可以分解为季度绩效计划，季度绩效计划可以进一步分解为月度绩效计划。季度绩效计划、月度绩效计划的制订分别以年度绩效计划、季度绩效计划为基础，同时还要考虑外部环境的变化以及内部条件的制约。

绩效计划按责任主体可以分为公司绩效计划、部门绩效计划以及个人绩效计划。一般来讲，公司绩效计划可以分解为部门绩效计划，部门绩效计划可以分解为个人绩效计划；一个部门所有员工个人绩效计划的完成可支持部门绩效计划的完成，所有部门绩效计划的协调完成可支持公司整体绩效计划的完成。

2.3 制订绩效计划应符合的3点要求

（1）绩效计划的主体

绩效计划的制订者一定是管理者与被管理者（或考核者与被考核者），体现的是双方的共同意愿。这是绩效计划成立的重要前提，一旦失去这个前提，绩效计划就有可能变为一种外在的、强制的负担，难以发挥激励和牵引作用。

（2）是关于工作目标和标准的契约

绩效计划是为实现绩效目标而存在的，重点就是告诉被考核者做什么，如何做。因此，绩效计划一定要紧紧围绕绩效目标来设计。同时，也要明确绩效标准，让被考核者明白做到什么程度、完成期限、评判标准是什么。

（3）是双向沟通的过程

在绩效计划制订阶段，考核者与被考核者之间的沟通贯穿整个过程，充分的沟通是使计划更科学、更合理的保障。通过沟通而达成一致的内容往往也是绩效计划的核心内容。

案例 2

比如，一个部门经理与所属员工的大致沟通内容，如表2-1所列。

▼表2-1　绩效面谈内容纪要

绩效面谈内容纪要
所属企业：＿＿＿＿＿＿＿＿＿＿＿＿＿＿　＿＿年＿＿月＿＿日
所属部门：＿＿＿＿＿＿＿＿＿＿＿＿＿＿
管理者：部门经理的谈话内容 　　　　下一个周期我们企业的总目标是什么？ 　　　　为了完成总目标，我们团队（部门）的目标是什么？ 　　　　为了实现团队（部门）目标，被考核者应该完成或承担什么任务？ 　　　　被考核者承担的任务应该达到什么标准，什么时间完成？

续表

绩效面谈内容纪要
所属企业：＿＿＿＿＿＿＿＿＿＿＿＿　　＿＿年＿＿月＿＿日
所属部门：＿＿＿＿＿＿＿＿＿＿＿＿
被管理者：员工的谈话内容 　　　自己对绩效周期内所完成目标的认识。 　　　有哪些不解或不清楚的地方？ 　　　自己准备如何完成这些任务？ 　　　完成过程中有哪些顾虑，可能会遇到哪些困难？ 　　　需要管理者或相关部门提供什么资源或支持？
发约人（管理者）：　　　　　　　　　受约人（被管理者）：

2.4 制订绩效计划的5个基本步骤

在新的绩效周期开始之前，企业应组织高层管理者组成一个战略委员会，对考核期内企业新的战略目标，以及具体目标进行规划。当这些目标确立并形成后，也意味着新一轮的绩效周期拉开了序幕。

2.4.1 设定适合的绩效目标

绩效目标是希望通过绩效考核使员工能够实现或达到的工作结果，绩效目标设定得是否合理，直接影响着绩效考核结果。

那么，什么样的绩效目标才算得上合理的呢？最关键的就是可让公司、各部门、大多数员工感到满意，如果能够达到这个效果，那么，此绩效目标的设定就是较为合理的；反之则视为不合理。

很多企业的绩效考核效果不佳，正是因为绩效目标设定得不合理，使得考核无法真正做到公平、公正。在实际考核中，这样的案例很多。

案例3

一家企业有20多条生产线，效率都不是很高，老总很不满，要求生产部经理务必想办法提高效率。

生产部经理抱怨自己既没有考核权，又没有奖惩权，员工不听话，很难提高效率。老总认为生产部经理说得有理，所以马上安排人力资源部和生产部一起研究落实考核和奖罚管理办法。

首先，由人力资源部协调生产部，制订了绩效考核制度；其次，人力资源经理代表老总和生产部经理讨价还价，定出了一个生产线效率目标；最后，对20多条生产线的效率目标达成状况进行月度考核，并根据奖惩标准实施奖罚。达成目标的生产线奖励2000元，没有达成目标的生产线罚款2000元（或者不奖）。

一个月下来，生产部门中只有少数部门达成了目标，拿到了奖金，多数部门被罚或者没拿到奖金（在员工的观念里，没有奖金就等于被罚）。生产部门和员工感觉亏了，要求公司调低考核目标，否则会挫伤员工的积极性。在员工强烈要求的压力下，公司调低了考核目标。

又一个月下来，考核结果出来了，多数部门达成了目标并拿到了奖金，员工感觉不错，但领导心里感觉不平衡。公司协调生产部经理，又适当调高了考核目标，第三个月考核结果出来了，奖罚的生产线大致各半，大家都认为这是一个可以接受的妥协方案。从此，这家企业就这样重复着自以为"有效"的管理方法。

以上案例绩效目标设定的不合理之处在于，绩效目标设定的随意性，这样的绩效目标制订过程本身，就注定其对绩效没有太大的激励作用。目标任务完成了，员工会感觉绩效目标定得不算高；目标任务完不成，员工会归结为目标定得太高。事实上，很多企业在设定绩效目标时实行的就是目标谈判制，每年都要与各部门或各子公司进行艰难的任务目标谈判，大家的谈判技艺对最终任务量的确定有很大影响。

这种目标确定方式本身没有起到应有的作用，即使勉强达到目标，也是不公平的，不但起不到"鼓励先进，鞭策后进"的作用，反而会起到反作用。设定适合的绩效目标主要应从以下两个方面着手。

（1）从企业战略层层分解绩效目标

很多企业制订绩效目标都是基于"岗位""员工工作"，先根据岗位职责、员工表现制订绩效考核目标，然后再报到领导处进行审核。其实，这是种本末倒置的做法，制订绩效目标应该站在整个企业的角度去规划，而不是站在某些岗位和员工的角度去规划。尤其是在绩效与薪酬、晋升等对接的情况下，员工也可能会出于对自身利益的考虑而设置一些并不合理的考核指标，这对企业整体绩效的提升也难以起到促进作用。

企业战略是企业的远景目标和总目标，制订绩效目标必须学会从企业战略入手。绩效目标的制订与企业远景目标和总目标息息相关，所有的行为都必须服务于这个总目标，并有利于其实现。如图2-2所示。

企业战略是一个自上而下的整体性规划过程，是企业整体经营管理策划中的核心、重点、关键和"指向标"。

▲图2-2　企业战略的定义

绩效目标，正是对企业远景目标和总目标的层层分解和分阶段实施。因为，企业战略目标的实施需要大量的、具体的工作事项来一步一步达成，不积跬步无以至千里，再好的战略也需要大量的具体事项来达成。

企业战略目标分解一般是按照层级，自上而下逐步划分的，如企业战略总目标向下分解是部门年度目标、季度目标，再分解则是岗位目标、个人目标。即首先是战略总目标的制订，然后将企业战略总目标分解到部门，再分解到岗位或个人，个人目标的实现就是绩效目标，如图2-3所示。

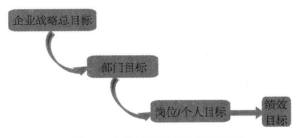

▲图2-3　企业战略目标分解示意图

企业是由组织内各个职能部门组成的，通过分析组织的战略目标，明确各部门需要达成的使命，根据使命确定本部门的绩效目标。然后对部门内部的岗位进行层级划分（一般都可以分为高、中、低三种岗位类型），并针对不同层次岗位的工作职责确定需要完成的目标。

（2）个性化，分级制

在设定目标时要个性化，分级制。个性化，是指每个目标都要有针对性、有具体所指，即绩效得分和绩效目标要能一一对应起来。分级制，是指要设定目标等级。比如，设定三级目标，每达成一个绩效目标，得多少绩效评分。

在设定绩效目标时需要结合被考核员工的实际情况，进行个性化定制，并对目标进行分级，让目标有个三六九等。

比如，常用的三级评价目标，通常将目标分为3个等级，即基本目标、期望目标、挑战目标，如图2-4所示。基本目标是最基本的要求，一般要求100%完成；期望目标为希望得到的目标，要求大多数人完成；挑战目标为比较难实现的目标，是极少数人的专利。

挑战目标：
仅限10%~20%的人完成

期望目标：
至少70%的人完成

基本目标：
必须100%的人完成

▲图2-4 绩效目标常见的3个等级

在三级评价目标考分的设置上，需要呈现出由小到大的梯级。以"新产品销售额"为例，假设这一项值的权重在整个考核体系中权重为15%（满分100分）。销售额基本目标为3000万元，达标得分为3分；期望目标为4000万元，达标得分为10分；挑战目标为4800万元，达标得分为15分。（3分、10分、15分的具体意义这里不做详细阐述，与具体的某次考核系数设置有关。）

1）基本目标　基本目标是"绩效红线"，是每个员工都必须达到的一个目标。低于基本目标的员工是公司需要重点关注的，一个员工如果连续两个或三个季度都未能实现这一目标，公司将视其为不能胜任该职位，将予以辞退。

2）期望目标　统计学上还有一个概念，叫作期望，也就是样本的平均值。这里可以理解为，在某一时段，同一职位员工产出的平均数。现在可以把这一目标作为绩效的期望目标，也是企业和部门的业绩在正常情况下应该达到的目标，是与行业平均发展水平相符合的目标，也是至少70%被考核员工应达到的目标。

在制订期望目标时可参考公司的计划和预算、上期本指标实际值、行业指标等。原则上期望目标的设定不能低于计划和预算的规定，同时不能低于上期或者同期的实际水平。

3）挑战目标　挑战目标是上级对下级的最高期望值，也是被考核人需要付出超常努力，做出重大、系统变革才能达成的目标。一般情况下，在一个组织内部，只有10%~20%的人才能完成挑战目标。挑战目标的设定应该和期望目标相比有明显的增长或改善。在制订此目标时，往往会参考公司标杆或行业标杆。

对于绩效考核而言，正确的、清晰可行的，符合企业战略方向的，符合客观发展规律的绩效目标是取得良好成效的基础和前提。而正是很多绩效计划中的绩效目标设定本身是有问题的、荒谬的，所以执行起来就会被层层消减和淡化，最终完全变样。

2.4.2 让员工充分了解绩效目标

制订绩效计划过程中，其中一项主要任务就是让被考核员工明确考核所要达到的绩效目标，包括企业目标和其自身的目标，为的就是让他们了解企业发展纲领、趋势，以及自己的奋斗方向。这点非常重要，因为只有让被考核员工对企业目标、自身目标，以及实现目标的途径有了清晰地认识之后，他们才可能调整自己的方向和行动，以适应企业要求，将个人目标与企业目标结合起来。

案例4

每年9月初到次年8月底是海尔的年度考核周期。每到这个时候，公司就会根据战略目标设计战略地图，通过会议将战略目标分解至部门，并通过鱼骨图的方式确定部门的关键绩效指标（KPI），制订各部门年度规划识别表。部门通过会议的方式对本部门目标进行再次分解，确定部门内部每位员工的考核指标，即KPI和居民消费价格指数（CPI），制订出各岗位的规划识别表。

各部门在接到公司考核目标后，分解到各生产线、各组以及每个人，以确保公司制订的目标让每个部门、每个人真正明确起来。

在目标的分解过程中，部门负责人也同样会与各分部管理者、骨干力量进行充分地沟通，说明公司、机械加工事业部面临的市场形势和竞争压力，也充分听取各分部、分厂负责人反映的意见。在综合多方意见的基础上，将初步下达的指标进行微调，再制订详细的个人绩效计划。

为了缩减成本，资源共享，常常会将业务基本相同的两个分厂进行合并。比如，三分厂、四分厂目标大致相同，业务流程也基本相同，就会下达指标合二为一，不是两个分厂期待的指标，而是一个达成共识的折中数。

绩效考核目标体系是呈金字塔形的，塔尖是企业的总目标，即企业战略目标，从塔尖到塔底开始层层分解，分别为部门目标、员工目标，如图2-5所示。自上而下形成的目标链，通常包含多个层次的目标，每一层级目标是基于上一级目标分解出来的，隶属于、服务于上一级目标，在落实上，只有下一级目标得以实现，才能保证上一级目标的实现。

▲图2-5 绩效考核目标体系

（1）企业战略目标

首先要让员工了解企业战略目标这个"大目标"，即企业近几年的发展目标、年度目标、经营计划等。一般而言，员工拥有的"大目标"信息越多，就越能将个人目标与企业和部门的需要结合起来。

为了让员工获得这种"大目标"信息，可向对方提供以下渠道。

① 每年的总结大会，事业部以及各部门的传达会；

② 高层领导的走访；

③ 文件、通告、企业的内部网以及企业的内部刊物等。

（2）部门目标

对于员工来说，要他们关心的不仅有企业总目标，还必须清楚其所在部门目标与行动计划，这种部门目标是企业总目标的直接分解，也是员工确定个人目标的纲领和指导原则。

（3）员工目标

除了这些与企业有关的目标外，员工还要了解与个人相关的一些目标。比如，所在职位的工作分析、前一绩效周期的情况反馈。

工作分析用于说明为达成某一工作最理想的绩效所需要的行动要求。从工作分析入手，可以使员工更好地了解自己所在的职位，并把职位与部门目标和个人目标联系在一起。在每个绩效周期的开始，进行工作分析并形成职位说明书不是简单的例行公事，而是一件非常有意义的事情。职位要求需要随着新绩效周期的环境和目标的改变而调整，旧的职位说明书很可能已经过时，所以重新思考和定位每个职位，并将信息传递给员工是很有必要的。

同样，上一绩效周期的反馈也是很重要的信息。工作结束后，员工可能并不清楚造成他们绩效高低的原因。因此，管理者必须对高绩效员工给予肯定，同时提出绩效提升的建议，并帮助低绩效员工分析绩效不佳的原因，指出改进绩效的办法，从而使员工不断提高工作绩效。

2.4.3 共同制订绩效计划内容

绩效计划是一个双向沟通的过程。因此，在绩效计划制订阶段有一项重要工作必须做，那就是与被考核员工进行充分沟通交流，对员工做动员。经过充分交流，考核人员与被考核员工就在本次绩效期间的工作目标和计划达成共识。

案例 5

某企业推行绩效考核，并将考核结果与工资直接挂钩。然而，这个规定却令很多员工非常紧张。究其原因是害怕自己的成绩不好，影响收入，面子不好看。

该制度实施后，大部分员工的工作成绩在一段时间内的确得到了提升。但是好景不长，经过半年左右的运作就出现了诸多问题。

例如，员工都找自己的主管争考核分，相互攀比，最后每个班组成员的考核分都差不多，考核分差距很小。再如，有的员工对考核扣分不以为然，甚至说："不就是扣分扣几块钱嘛，爱扣就扣去吧"。

可见，员工的神经已经麻木了，考核根本起不到改进工作和激励的作用。

考核是工作的客观需要，为什么被很多员工认为是影响收入、影响面子的问题，根源就在于沟通不够。在某项考核计划实施之前，考核人员应与被考核员工进行充分沟通，让其真正明白考核的目的和意义。

沟通的内容有很多，因人而异，并不能千篇一律，这里只介绍最不可缺少的一些内容，如图2-6所示。

回顾有关信息
在进行绩效计划沟通时，需要先回顾一下已经准备好的各种信息，包括组织的经营计划信息、员工的工作描述和上一个绩效期间的评估结果等

确定关键绩效指标
协助被考核员工针对自己的工作目标确定关键绩效指标。一定要注意，这些关键绩效指标必须是具体的、可衡量的，而且应该有时间限制

讨论考核人员应提供的帮助
在绩效计划过程中，主管人员还需要了解员工在完成计划中可能遇到的困难和障碍，并就其为员工提供可能的帮助

确定下一次沟通的时间
在将要结束绩效计划沟通会谈时，双方还要约定下一次沟通的时间。这是一个非常关键的内容，不可忽视

▲图2-6 绩效考核沟通的主要内容

为了取得良好的沟通效果，在沟通前，还应注意以下两个细节。

（1）选择一个好的沟通环境

考核人员和被考核员工都需要确定一个专门的时间，放下手头工作，专心致志地进行绩效计划的沟通，以免沟通的时候被其他人打扰，影响沟通效果。最关键的一点，就是要营造尽可能宽松的沟通气氛，不要给对方太大的压力。

（2）坚持沟通原则

在沟通时，考核人员应遵循平等、多听少说的原则。首先，双方在沟通中是一种相对平等的关系，大家是为了业务单元的成功而共同编制计划。其次，考核人员在制订考核标准时应该更多地发挥员工的主动性，更多地听取被考核员工的意见。员工自己做决定的成分越多，绩效管理就越容易成功。最后，考核人员应与被考核员工一起做决定，千万不可代替员工做决定。

2.4.4 审核计划，对计划可行性进行评估

制订绩效计划过程中有个非常重要的环节就是审核，无论是企业总绩效计划，还是个人绩效计划，并不是说一制订出来便可以马上投入实践，发挥作用，还需要相关部门多方求证、严格审查，使之最大限度地符合客观规律、企业的利益和发展实际。

绩效计划在制订完毕之后，必须统一上交到相关部门，由人事处安排专门人员进行审核，只有审核人员审核无误后加盖审核印章才能进一步使用。同时，要对审核中发现的问题加以纠正和修改。值得注意的是，修改要严格按照审核人员所填写的审核处理意见去做。

企业制订出来的绩效计划在实施之前，同样需要人力资源部门或者专门考核小组进行讨论和论证。那么，如何对绩效计划进行审核呢？可从以下3个方面入手准备。

（1）明确审核的内容

① 考核内容是否属实；

② 考核项目是否齐全；

③ 绩效指标是否正确；

④ 考核标准是否明确；

⑤ 书写报告是否规范；

⑥ 相关责任人是否签字确认。

（2）运用正确的审核方法

传统的审核方法是"查看调查"和"询问调查取证"。通过查看被考核者的部门、负责人、周边的相关人员，以往工作中所形成的文字资料等，以及其他相关绩效计划发现其中的错误。同时，通过询问（做调查询问笔录）获取一些证据。但依靠单纯的某种方法也无法很好地找出隐藏的问题。因此，必须根据绩效计划的特点及具体情况，灵活多变，选择综合性的方法，多管齐下。具体可以采用以下4种审核方法，如图2-7所示。

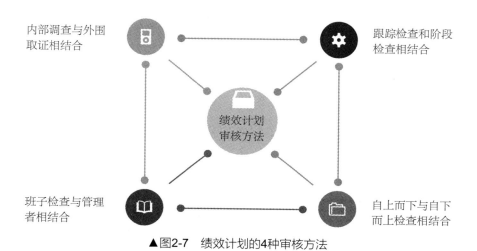

▲图2-7　绩效计划的4种审核方法

① 内部调查与外围取证相结合。内部调查与外围取证相结合，就是检查者通过对被查企业经营者以外的有关人员或市场环境进行调查，从而获取证据的方法。

② 跟踪检查和阶段检查相结合。跟踪检查，是指伴随着计划的贯彻执行，紧跟着对实施情况进行检查，以便及时发现偏差，随时解决；阶段检查，是指决策实施告一段落时，对这一阶段的结果进行检查，总结经验、教训，并以此改进。两者有机地结合，才会做得更好。

③ 自上而下与自下而上检查相结合。决策目标、计划方案是由主管决定的，执行则是在基层进行。对于执行计划在什么地方发生问题，以及产生问题的原因，基层组织和广大员工了解得最深刻。因而，检查总结工作必须把自上而下同自下而上结合起来，这样可以调动上下两方面的积极性，有利于从上到下的信息输出渠道和从下到上的信息反馈渠道的沟通，从而达到信息的双向交流。

④ 班子检查与管理者相结合。管理者对自己下属进行考核是常用的一种方式，因为只有管理者才最懂自己的下属，这样可使考核结果更公正。但仅靠管理者的考核也是有缺陷的，因为很多管理者无法洞察被考核者所有的实际情况，即使是有才干的管理者，也无法靠自己的力量做好一切。再者，由于缺少他人的监督和制约，个别的管理者还会掺入个人感情。

所以，在考核过程中，应当充分发挥班子的力量，管理者可以亲自参与，但一定要融入团队，有分工。这是绝对必要的，因为考核是针对不同层面的，每个管理者最好主管其中的一项。

（3）规范审核流程

绩效计划审核流程，如图2-8所示。

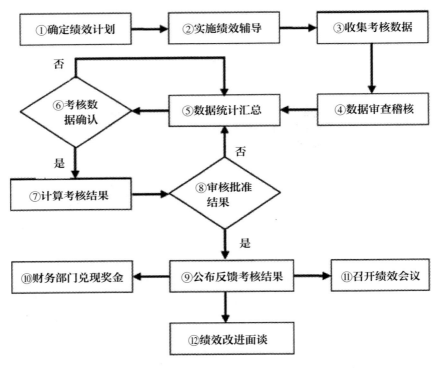

▲图2-8　绩效计划审核流程

① 确定绩效计划。由各部门制订，分管领导核准；每月26日前完成。

② 实施绩效辅导。由部门上级对下级实施考核，并就目标达成实施辅导；当月实施完成。

③ 收集考核数据。由相关部门分别采集、提供考核数据；次月5日前完成。

④ 数据审查稽核。由数据平台（营运中心负责）对考核数据进行稽核；次月8日前完成。

⑤ 数据统计汇总。由绩效专员（人力资源中心）负责统计汇总后，将数据提供给考核部门；次月9日前完成。

⑥ 考核数据确认。考核部门对被考核人员实施考核、确认和审核，签字确认无误后返回人力资源中心；若有异议向绩效专员反馈，由人力资源中心组织制造部门和数据部门核查验证；次月12日前完成。

⑦ 计算考核结果。绩效专员依据经确认的数据统计编制考核结果与奖金兑现表，经人力资源中心审核后上报总裁；次月13日前完成。

⑧ 审核批准结果。总裁最后批准考核结果；次月16日前完成。

⑨ 公布反馈考核结果。最终考核结果由人力资源中心向考核部门公布反馈；次月17日前完成。

⑩ 财务部门兑现奖金。由人力资源中心将考核结果与奖金表审核传递给财务部门予以兑现；次月30日前完成。

⑪ 召开绩效会议。由各部门（或系统）组织召开月度绩效分析检讨会议，提出绩效改进建议；次月20日前完成。

⑫ 绩效改进面谈。由各部门考核人员负责与被考核人员（车间主任）进行绩效沟通面谈，制订具体改进措施；次月25日前完成。

2.4.5 签订绩效合同，形成考核方案

在经过周密的准备，并且与被考核员工进行沟通后，双方再进一步确认已经达成的共识，绩效计划制订基本工作结束。当绩效计划初步形成后，最后一步就是设计绩效合同，签订合同，形成执行方案。

所谓绩效合同，其实就是在绩效指标确定以后，由主管与员工共同商定员工考核周期内的绩效指标和行动计划，然后以文字的形式确认。目的是使绩效目标能以书面的形式固定下来，确保企业上下为设定的目标而努力。同时，绩效合同也是绩效考核的基本依据，施行绩效指导方向、考核考评时的对照标准、绩效面谈的纲要。

绩效合同设有固定的格式和内容，一般包括（但不限于）以下几点，如表2-2所列。

▼ 表2-2　绩效合同的内容

内容类型	内容介绍
受约人信息	被考核对象的基本信息，包括员工的姓名、职位、所在部门等
发约人信息	发约人常常是由被考核员工的上一级正职（或正职授权的副职）担任
计划内容	主要包括绩效目标、主要工作和任务、岗位职责、绩效指标、考核权重、考核标准等，用于衡量被考核员工的重要工作成果，是绩效合同的主要组成部分
考评意见	在绩效考核完成之后，由发约人根据受约人的实际表现填写，用于分析绩效完成的亮点与不足，以达到绩效提升和改进的目的
合同期限	规定绩效合同从生效到截止的时间，一般为一个绩效管理周期
签字确认	绩效合同需要由发约人和受约人双方签字确认后方可生效，因此绩效合同的最后部分要留出相应的空间，以供签字使用
权利和义务	有的绩效合同中还规定了合同双方的权利和义务、绩效目标完成与否的奖惩措施、员工能力发展计划、绩效目标修改履历等

在以上诸多要素中，其中计划内容是重中之重，一份绩效合同是否合理，主要看其正文内容的设置是否合理。绩效合同的正文内容主要包括以下5个部分。

（1）非常明确，可以量化的职责

绩效合同中应该写清楚被考核者担负的具体职责，有几大类，每一大类下又有几小类，最好以几个小点来明确表述。

案例6

人力资源部经理的职责：①基础管理工作；②员工招聘；③员工培训；④薪酬管理；⑤绩效管理；⑥其他与人力资源管理相关的工作等。

基础管理工作包括：①详细向员工解释劳动合同条款；②与劳动者签订劳动合同；③将劳动合同进行保管并积极存档；④及时办理用工和退工等内容。

（2）清晰的岗位职责

岗位职责中最重要的是职位，上司、下属、同事横向主要有哪些联系，要界定清楚。作为一个管理者，另外一个重要的任务就是培养下属，这在相关的岗位职责中要写清楚。

（3）绩效考核目标

绩效考核目标，是指按一定的指标或标准，来衡量员工工作完成情况的计划和规划，是考核工作的最终所指，任何一项考核都必须有明确的考核目标。

案例 7

某企业人力资源部2019年主要考核两个指标：第一个指标是基础管理是否到位，主要体现在合同的签订率、劳动争议仲裁的发生率、劳动争议仲裁和诉讼的胜诉率；第二个指标是要研究企业各项人事制度的准确程度，包括对员工的吸引力。因此，2019年度考核的主要也是两方面内容：一是员工满意度；二是人员流失率。

（4）主要的工作和任务

主要的工作和任务是记下考核的标的，因此，需要在绩效计划的最后重点体现出来。

案例 8

某企业人力资源部2018年的主要工作就明确体现在绩效计划中：一是建立企业薪酬管理体系，改进并改善销售人员的分配方案；二是进一步完善十五个关键岗位的KPI指标；三是组织五次相关的培训，主要集中在销售人员方面的培训，对销售人员的技能进行改善；四是对全国十五个办事处人力资源管理的制度进行审查。

（5）注明被考核者所必须具备的能力

被考核者的能力是实现预期绩效的保证，同时也是后期考核的依据。如果对被考核者的能力不加以明确，考核标准就会变得模糊。

案例 9

某企业计划从外部引进一名资深的财务经理，负责财务部的整体工作。这名财务部经理的工作能否实现预期，最大的风险在于信息的不对称。因此，在对这名财务部经理进行考核时，就需要将其所具备的能力一一列出，作为日后绩效结果评估的依据。

绩效合同通常有相对固定的格式，但也不能一概而论，取决于企业的绩效管理水平和对其的重视程度，只要适合企业的实际情况即可。表2-3、表2-4提供了常用绩效合同的模板，以供参考。

▼ 表2-3　月度部门绩效合同

____年____月____部门绩效合同									
岗位：			部门：		姓名：			工号：	
序号	指标类别	指标名称	指标定义	权重	目标值	计算方法	实际完成	评价得分		备注
								得分	上级确认	
1	内部运营									
2										
3										
4										
5										
6										
7										
8	学习与成长									
附加绩效 || 加分	事实描述								
^ ^ || 减分	事实描述								
绩效评定		总得分								
绩效计划确认		员工签字			考核结果确认			员工签字			
^ ^		上级签字			^ ^			上级签字			

▼ 表2-4　季度个人绩效合同

____年____季度个人绩效合同										
发约人：			受约人：			签订日期：				
关键绩效指标	指标名称	权重	相关要求	目标值			实际完成	评价得分		备注
				T-	T	T+		得分	上级确认	
工作业绩	重点工作									

续表

关键绩效指标	指标名称	权重	相关要求	目标值			实际完成	评价得分		备注
				T-	T	T+		得分	上级确认	

____年____季度个人绩效合同
发约人：　　　受约人：　　　签订日期：

关键绩效指标	指标名称	权重	相关要求	T-	T	T+	实际完成	得分	上级确认	备注
工作业绩	日常工作									
	工作品质									
工作态度	1. 敬业负责									
	2. 团队合作									
	3. 积极主动									
	4. 追求品质									

注：T-、T、T+表示考核等级的划分。

需要说明的是，为了保证计划的时效性，要随时补充新的内容使其具有灵活性是十分必要的，也就是说，当情况发生变化时，必须调整或修改整个计划或者其中的一部分内容。

2.5 设定考核周期

绩效考核周期也叫作绩效考核期限，通俗点讲，就是指多长时间对员工进行一次绩效考核。从目前的绩效考核周期来看，有月度考核、季度考核、半年考核和年度考核四种基本形态，此外，还有周考、日考等个别形态。对于考核周期的确定，很多企业管理者没有一个明确的定论。

如何界定一个考核周期很重要。考核周期过短，会因为每次都需要耗费一定的人力、物力，而增加企业的管理成本；考核周期过长，又会降低绩效考核的准确性，不利于员工工作绩效的改进，以及绩效管理工作的开展。

根据近年来的相关考核理论研究，以及众多的考核成败案例和笔者在考核管理中的经验，绩效考核周期不宜过长，应适度缩短考核周期，以月度考核为宜。

当然，多数企业没有海尔集团的资源优势与管理优势，还难以形成日事日毕的即时考核系统。但集中人力资源将考核周期缩短到月度，是每个企业都能做得到的。或许有人要问，如果工作周期超过考核周期（月度），也需要按月度进行考核吗？答案是肯定的。实际工作中，周期在一个月以上的工作不在少数，如果企业等工作全部完成后再进行考核,这是对绩效考核还缺乏理解,更是对企业不负责任的表现。月度内能够完成的工作,在月末考核时,对各项指标达成情况进行核实就可以了。

设置绩效考核周期有3种方法,分别是累积法、等同法和拆分法,如表2-5所列。

▼表2-5　绩效考核周期的3种方法

方法	概念	举例
累积法	是把若干个业绩周期累积在一个月或者一个季度进行考核	如对司机的考核,一个出车任务短则几十分钟,长则几天,但我们不能这么短时间就考核一次,必须通过累积法来考核,并且选择自然周期的月度、季度来设置考核周期
等同法	就是业绩周期和考核周期相一致	如北方地区种冬小麦,10月1日左右播种,次年5月份收获,那么对播种冬小麦的农民而言,一个绩效考核周期就应当是7个月。同理,对于种玉米的农民考核周期就是5个月
拆分法	把业绩周期分为若干个有明确节点的阶段进行考核,这些阶段具有相对独立节点,即阶段性的成果	如一家企业是生产风力发电设备的,研发一个风机就可以分为概念设计、详细设计、样机组装、安装调试、技术改进、大批量生产等几个节点

那么,对于不同部门、不同岗位,究竟如何来设置绩效考核周期呢?这就需要管理者树立一种分类管控的思想,按照不同的考核目的、各岗位的特点、工作性质以及指标类型,灵活运用上述三种方法。下面就分别从考核目的、考核职位和考核指标三个影响因素分别说起。

(1)考核目的

考核周期与考核目的有密不可分的关系。如果考核目的主要是奖惩,那么应该将考核周期与奖惩周期保持一致;如果考核目的只是续签聘用协议,那么考核周期最好与企业制订的员工聘用周期一致。

(2)考核职位

不同的职位,工作的内容也不同,因此,绩效考核的周期也有所不同。一般来说,职位的工作绩效比较容易考核,职位越高,年薪越高,考核周期越长。大多数公司采取的考核周期如表2-6所列。

▼表2-6 考核周期

职位	薪资	考核周期
高层管理者、高级技术人员、销售人员	年薪	1年/半年
中层管理者、一般技术人员	月薪	1个季度/半年
一般管理人员、基层生产人员	月薪	1个月

（3）考核指标

绩效考核周期与考核指标类型、指标的性质有关，不同类型和性质的指标也需要不同的考核周期。一般来说，性质稳定的指标考核周期相对要长一些；相反，考核周期相对就要短一些。

按照指标的性质分，有任务指标和周边指标两大类。任务指标是企业给每个员工设定的明确目标和任务，如生产指标、销售指标、利润指标等可量化的指标。周边指标相当宽泛，包括人为因素和意志动机因素。

对于任务绩效指标，考核周期一般较短，通常为一个月或一个季度。这样做的好处是，在较短的时间内，考核者可以经常对被考核者的工作进程、成绩进行随时记录和监督，时间过长主观性就会加大；同时，可以对工作结果及时进行评价和反馈，有利于及时地改进工作，避免将问题积攒在一起而形成更大的问题。

对于周边绩效指标，则适合于在相对较长的时期内进行考核，如季度、半年或一年。因为这些指标重在考察人的行为、表现和素质等方面，而这些方面具有一定隐蔽性和不可观察性，需要较长时间的考察和必要的推断才能得出结论。因此，时间越长越有利于考核的进行。

2.6 绩效考核的实施

绩效考核作为一项系统性极强的工作，必须建立在科学、合理的流程上，只有流程化才能高效运作。然而，程序问题对人力资源经理来讲却又是最不容易把握的，尤其是如果没有一定的经验，往往会令整个考核工作陷入混乱的状态。

案例 10

浙江某公司是一家集科研、生产、销售于一体的专业生产厂家。该公司的员工工作都很努力，但每到考核时很多人对考核结果仍不满意，直接影响到了这些人的工作积极性。

这是因为考核程序出现了问题，以生产车间的考核为例。该公司的业务流程是这样的：

公司接到客户的订单后会直接分配给下面的分厂，具体任务全部由分厂自行安排；各分厂又将任务分配给各车间，车间再分配给各生产人员，这样层层下放，每个环节都是相互独立的，上一级只要最终结果。

而在对一线员工的业绩进行考核时，则是根据业务流程进行的，即由最高层下达指标，直接考核。由于主管考核部门和人员缺乏对一线情况的了解，这样一来就很容易出现考核者与被考核者脱节的情况，结果一场考核下来，员工甚至搞不清楚问题究竟出在了哪个环节。

问题出现后，该公司改变了考核程序，即把整个生产流程分割成一个个单独的小工序，每道工序由主管部门直接考核，最后统一上报考核结果，HR经理根据各部门上报的考核结果进行分析和汇总，找出最终的问题。

考核程序改变之后，效果立刻体现了出来，员工的积极性不但提升了，还使目标的达成率达到了90%。为什么之前的完成效果很差呢？因为车间五道工序中的任何一道出了问题，都影响一个订单的最终完成，99%的工作都成了无用功，而采取分段控制则可以避免某一工序对整个工序的影响。

由此可见，时间越短，控制越好。单位划小，控制更好。要想控制好，就必须优化考核流程，最好控制在一个比较小的范围之内。考核没效果、不到位，一切都是流程出了问题，实现高效考核的前提就是要有一个科学合理、简单高效、目标明确、衔接顺畅的流程。那么，绩效考核一般有哪些流程呢？基本上有两种：横向绩效考核和纵向绩效考核。

（1）横向绩效考核

横向绩效考核，是指按绩效考核工作的先后顺序进行的过程。这一过程主要包括绩效界定、绩效衡量、绩效分析与评定和绩效反馈4个环节，如图2-9所示。

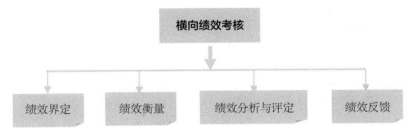

▲图2-9 横向绩效考核流程示意图

接下来分别对这几个环节一一进行解释。

① 绩效界定。绩效界定，是确定待考核的项目，并对该项目进一步加以明确。比如，对某岗位进行考核，就需要明确该岗位的职责、主要任务、特征以及特殊要求，或者对该职位的员工有什么期望，需要展现哪些态度、能力和行为等。

② 绩效衡量。这一环节是对被考核者的绩效进行考评和衡量的过程，检验被考核者的实际绩效与预期绩效的差距。值得注意的是，在此环节，HR经理要事先确定合适的考核人员，必要时对考核人员进行培训，以最大限度地避免考核的主观性和随意性。

③ 绩效分析与评定。绩效分析与评定，即对考核结果进行分析与评定，分析和评定的方式是将考核记录与既定标准进行对比，通过对比和分析得出最终结果。

④ 绩效反馈。被考核者有权了解考核的结果，并对考核结果提出意见和建议，被考核者向绩效考核主管部门或人员进行反馈的过程，称为绩效反馈。绩效反馈可提高被考核者对绩效结果的接受程度和满意度，增强被考核者改进的意愿和主动性。

（2）纵向绩效考核

纵向绩效考核，是指按企业层次逐级考核的过程。一般而言，纵向绩效考核是按自下而上的顺序，先对基层进行考核，再对中层进行考核，最后对高层进行考核。纵向绩效考核流程示意图，如图2-10所示。

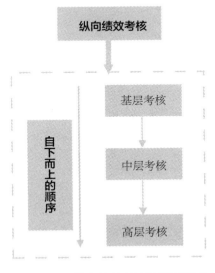

▲图2-10 纵向绩效考核流程示意图

① 基层考核。纵向绩效考核往往是以基层为起点，由基层部门管理人员对其直属下级进行考核。考核的内容包括员工的能力、品行、工作态度、行为以及工作结果等方面。

② 中层考核。中层是企业的中坚力量，起着承上启下的重要作用，因此也是考核的重中之重，待对基层考核之后，就要上升到对中层的考核，内容包括中层管理人员的能力、品行、工作行为等，还有更重要的一点是对部门业绩的考核。

③ 高层考核。最后是对高层的考核，这层考核主要是针对企业高层领导，即主要的部门负责人和董事会成员。对公司高层进行考核，考核的主要内容是领导能力、计划能力、预见能力，以及经营效果方面的能力。看其能否从战略高度把握企业的发展方向，能否用科学的方式去管理、做决策。

另外，对高层管理人员业绩的考核也是非常重要的一个方面，即哪些可量化的目标达成指标。比如，对股东负有直接责任的财务指标，涉及股东回报率、资产回报率、销售增长率以及产值、利润、成本等指标。

尽管企业的性质不同，经营策略不同，以及考核指标不同，但有一点是相同的，就是考核的程序，只要涉及绩效考核这一管理活动，就必须按照上述两种进行，或二选一，或两种并用，通常来讲，两者并用的效果比较好。

第 3 章

设计考核指标，考核有据可依

指标是考核标准的具体体现，也就是说，
一项标准如何在实际工作中体现出其价值必须依赖于相应的指标。
只有有了指标，才能促使管理人员、员工进一步执行，严格遵守。
考核指标有很多，不同部门需要设立不同的指标，
但无论哪类指标都要遵循相同的原则：
能够体现企业发展战略，有利于绩效目标的实现。

3.1 指标——考核的重要依据

绩效管理最重要的环节是绩效评价。绩效评价如何进行呢？必须通过绩效指标。这就是为什么在做绩效考核之前要先建立绩效指标或者绩效指标体系的原因，所有的都是为绩效评估和考核服务的。

所谓绩效指标，就是评价被考核者的工作绩效、工作能力、品行和态度的一种准则和衡量标准。没有这些指标，就无从知道现状和所期待的目标，更无法对员工绩效进行信息反馈和科学评估。

案例1

可口可乐（中国）有限公司要销售的产品较多，员工具体工作职责各异，所以，对员工评估存在一定难度。但是，公司对员工的考核还是有章可循的，毕竟关键指标还是相同的。

现在可口可乐（中国）有限公司开始实行KPI考核制度。由于这种绩效考核方式能激励员工，使其以更忠诚的态度努力工作，并能获得更好的成绩，因而通过KPI考核制度，可口可乐（中国）有限公司已经创造了引人注目的管理绩效和经济绩效。

当每个员工每天的工作进程、每个客户的拜访、每件产品的销售、每次促销活动的执行、每天的销售业绩、每月的市场开发状况、每个客户的账款等均被主管时时刻刻跟踪，并且被明确为每天的责任，同时可用量化的指标来考核和跟踪时，产生的工作效果就会非常显著。

对于一个企业来讲，完善的效绩管理离不开科学有效的绩效指标，它是进行绩效评估的基本要求，是绩效评估取得成功的保证，也是建立绩效评估体系的中心环节。

那么，什么样的指标才算是合格的呢？通常需要达到3个"符合"。

（1）符合企业发展战略总方向

在之前多次提到，绩效目标来源于企业发展的总方向，同时也必须在这个方向指导下展开工作。这条原则要求在制订绩效目标时要给予充分的分析。其基本要求是，对企业长远的战略性发展有清晰明确的认识，同时给予分解、衍生。在这个过程中，要避免犯主观性的错误，制订出看似合理但实则无益甚至适得其反的绩效目标。

（2）符合绩效考核目标

企业的绩效考核一般要与企业的三个目标保持一致，即选拔与招聘，晋升与配置，调薪与奖惩。

针对不同的绩效目标要制订相应的绩效计划、考核方案。比如，目标为选拔与招聘，那就要注重考核员工的能力和经验，比例各占50%；在晋升与配置中，要考核员工的德、能、勤、绩，比例分别为30%、30%、20%、20%最为适宜；在调薪与奖惩考核中，勤占30%、绩占70%最为适宜。

（3）符合部门、员工的利益

忽略员工的利益，是不少企业在推进绩效管理过程中常常碰到的问题，只单纯地将眼光放在了问题上。考核不是维护员工的利益，而是找出员工的问题，这就有点背道而驰了。根据一般的管理理论，绩效计划必须将团队、员工利益放在首位，这样才能使企业利益与个人利益相统一，才能激发员工的工作积极性和潜能。

3.2 指标分类标准和相应类型

指标有多种，按照不同的分类标准其形式也不一样，为了便于考核人员更好地设计指标，接下来需要了解一下考核指标有哪些分类标准，以及具体的类型。

3.2.1 根据考核的视角

所有的考核可以分为两个视角：第一个是对组织考核的视角；第二个是对个人考核的视角。因此，考核指标根据不同的考核视角可分为组织指标和个人指标，而组织指标又可包括对组织本身进行考核的指标和对组织领导人/负责人考核的指标。

（1）对组织考核的视角

按照组织的性质，一般可分为三大类：政府部门、非营利性组织、营利性组织。营利性组织就是我们常说的企业，在这三类组织考核中，对企业的考核制度、体系、理论也是最成熟、最完善的。本书的重点内容是对企业及其员工的考核，不涉及对政府部门、非营利性组织的考核。

对企业的考核主要针对企业的利润情况进行，利润是企业生存和发展的根本，衡量一个企业的成长性主要看其盈利能力。企业利润考核来自会计学，会计学出现的最初目的就是用来判定企业业绩的好坏。这也是为什么时至今日在很多针对企业的考核指标中，财务指标是非常重要的一项，如平衡计分卡考核，四个维度中的第一个维度就是"财务指标"，而平衡计分卡的创始人之一卡普兰就是哈佛大学的会计学教授。

对于企业的考核主要是从两个维度展开：第一个维度是对组织本身业绩的考核；第二个维度是对组织负责人的考核。

在一个企业里面，企业业绩不能等同于负责人的业绩，如有的时候企业业绩很好，但并不等同于该企业总经理的水平就很高。因此，在设置考核指标时还需要分别进行，搞清该指标是针对企业行为而言，还是针对负责人而言。

（2）对个人考核的视角

对个人的考核主要是对人的能力和做事情的过程、结果进行考核，这一部分我们在后面的内容中会有所体现。

特别要说明的是，这里讲到的对个人的考核主要是指企业基层员工，不包括管理层。较之对企业的考核，对个人的考核更难，这也是很多企业考核人员的工作重心。

因为，企业绩效无法很好地体现个人绩效。就像一个班级，假如这个班级很优秀，所有学生都考上了名牌大学，但并不见得每个学生都是优秀的，即使是优秀的学生某科目也有可能很糟。而对个人的考核是非常全面、细化的，不仅要考虑整个班级的整体成绩、个人总成绩，还要考虑每个科目的成绩。

所以，对个人的考核是所有考核中最难的，指标也是最多的，具体考核因人而异。

● 3.2.2 根据标准的形态

按标准形态分类，可分为静态标准与动态标准。

（1）静态标准

静态标准主要包括分段式标准、评语式标准、量表式标准、对比式标准和隶属度标准五种形式。

① 分段式标准，是将每个要素（评价因子）分为若干个等级，然后将指派给各个要素的分数赋予权重，划分为相应的等级，再将每个等级的分值分成若干个小档（幅度）。

② 评语式标准，是运用文字描述每个要素的不同等级。这是运用最广泛的一种形式。

③ 量表式标准，是利用刻度量表的形式，直观地划分等级，在评价了每个要素之后，就可以在量表上形成一条曲线。

④ 对比式标准，就是将各个要素最好的一端与最差的一端作为两级，中间分为若干个等级。

⑤ 隶属度标准，就是以隶属函数为标度的标准，它一般通过相当于某一等级的"多大程度"来评定。

（2）动态标准

动态标准主要有行为特征标准、目标管理标准、情境评价标准和工作模拟标准。

① 行为特征标准，就是通过观察分析，选择一例关键行为作为评价的标准。

② 目标管理标准，是以目标管理为基础的评价标准，目标管理是一种以绩效为目标、以开发能力为重点的评价方法。目标管理评价准则是把它们具体化和规范化。

③ 情境评价标准，是对领导人员进行评价的标准。它是从领导者与被领导者和环境的相互关系出发来设计问卷调查表，由下级对上级进行评价，然后按一定的标准转化为分数。

④ 工作模拟标准，是通过操作表演、文字处理和角色扮演等工作模拟，将测试行为同标准行为进行比较，从中做出评定。

3.2.3 根据评估的内容

根据评估内容，绩效指标可分为业绩指标、能力指标和态度指标。

（1）业绩指标

业绩是指工作行为产生的后果，这类指标正是对所产生后果的一类评价标准。比如，完成的数量指标、质量指标、利润值、产量值、有效率，等等。每个指标与企业的重要目标值相关，可能为关键期工作职责或一个阶段性的项目，也可能为年度综合业绩。评价结果直接反映了绩效管理的最终目的——提高企业业绩，实现既定目标。

（2）能力指标

能力指标通常包括人际交往指标、影响力指标、领导力指标。如果再细分的话，人际交往指标又包括关系的建立、团队合作、协调能力、解决矛盾的能力，具体如表3-1所列。

▼表3-1　能力指标

能力指标		
人际交往指标	影响力指标	领导力指标
关系的建立	沟通力	管理
团队合作	说服力	评估
协调能力	应变能力	反馈
解决矛盾的能力	言行影响力	授权

（3）态度指标

我们经常看到这样的现象：一个工作能力出众的人没有得到较高的工作绩效，而一名能力平平、兢兢业业的人得到的评价却很高。这就是工作态度产生的评估效果。工作态度指标就是专门针对员工在工作中表现出的激情、态度而进行评价的一类指标。态度指标通常包括积极性、协作性、责任性、纪律性等等，这也在一定程度上说明了绩效评估的公平性，如表3-2所列。

▼表3-2　态度指标考核的具体项目

态度指标	考核具体项目	每项分数	实际得分	备注
积极性	积极学习行业知识、掌握工作技能			
	对工作的抵触程度如何			
协作性	是否能主动协助上级、帮助同事			
	能否与同事保持良好的合作关系			
责任性	对工作失误、造成损失的态度			
	对工作的态度、能否负责任地完成			
纪律性	是否按时上下班			
	请假、串岗、离岗等情况			
	是否经常在上班时间说笑打闹			

● 3.2.4　根据评估的手段

根据指标的表现形式，绩效指标可分为定量指标和定性指标两种，皆是绩效考核常用的指标。

（1）定量指标

定量指标，是可以准确数量定义、精确衡量并能设定绩效目标的考核指标。定量指标分为绝对量指标和相对量指标两种。绝对量指标如销售收入，相对量指标如销售收入增长率。

定量指标最大的特点是以"统计数据"为基础，将统计数据作为考核目标的主要评价依据，在定量评价指标体系中，各指标的评价基准值是衡量该项指标是否符合生产基本要求的评价基准。因此，设计定量指标时必须有一定标准，有明确衡量尺度。

具体来说，可以从数量、质量、成本、时间等维度进行衡量。以生产某一产品为例，如果从以上4个维度制订量化指标的话，可制订产量、次数、频率、准确性、满意度、通过率等很多指标，具体如图3-1所示。

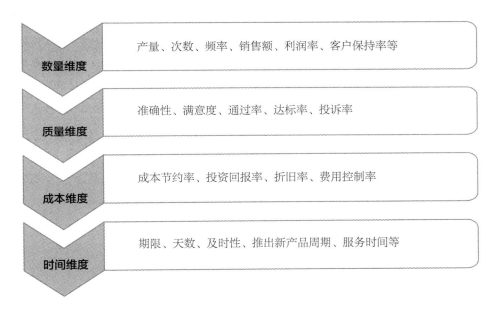

▲图3-1　绩效指标衡量的4个维度

定量指标优缺点都十分明显，在运用这类指标考核时，可谓喜忧参半。接下来，我们就来了解一下定量指标的优点和缺点，以做到扬长避短。

优点：

由于这类指标是以数学模型和统计数据为基础的，因此可靠性较高，很少受考核人员主观意愿影响，无论谁去考核、什么时候考核，结果都不会有太大出入。

同时，因大量数据、公式是相对固定的，可利用计算机和相关软件进行运算。因此，运用起来更便捷，效率更高。

缺点：

因要建立数据采集来源，用科学的统计方法，对数据的搜集和分析要求比较高，如果考核人员技术较差，或搜集的数据不充分、不可靠，将直接影响到考核结果。再加上，难以在考核中发挥考核人的主观判断，致使某些考核过程过于死板，不灵活。

（2）定性指标

定性指标，是根据考核者的经验总结、直观判断，以及所掌握的信息进行整合分析后，而得出考核结果的一种指标。

定性指标与定量指标正好相对，通常是指在科学调查取证的基础上，通过人的主观判断、分析、评估而得出评估结果的一种方式。也就是说，对被考核者主要靠评估者的主观判断和分析，从而得出评估结果，如很好、好、一般等。

运用这种方式，要求评估者对所要评估的对象有充分的了解，包括所从事的工作、工作的过程。在尊重客观事实的基础上，根据大量数据资料、知识和经验，充分发挥人的主观能动性，看到事物的本质，做出准确的评估。

定性考核的主要内容如图3-2所示。

▲图3-2　定性考核的6项内容

通过对不同性质定性指标的整理、分析和总结，可将其总结分为10个类型，分别为计划性指标、流程符合性指标、执行性指标、服务态度类指标、及时性指标、时限性指标、频度类指标、准确性指标、满意度指标、协作性指标。每一类指标又采取五级锚定的方式进行评价，分为"很好、较好、一般、较差、很差"

5个级别,总分值100分,依照级别的下降分值逐渐减低,具体如表3-3所列。

▼表3-3 定性指标评分参照表

类型1 计划性指标评分参照表		
评分阶梯	分值	对应含义
很好	96~100	计划周密,完全符合工作需求
较好	90~95	工作有计划,基本符合工作需求
一般	80~89	工作有计划,但不完整,有缺项
较差	60~79	工作有计划,但计划质量较差
很差	0~59	工作没有计划
类型2 流程符合性指标评分参照表		
评分阶梯	分值	对应含义
很好	96~100	能完全按规定流程开展工作
较好	90~95	绝大多数都能按规定的流程开展工作
一般	80~89	有时不能按规定的流程开展工作
较差	60~79	经常不能按规定的流程开展工作
很差	0~59	基本上不按规定的流程开展工作
类型3 执行性指标评分参照表		
评分阶梯	分值	对应含义
很好	96~100	能完全按相关要求或计划执行到位
较好	90~95	绝大多数都能按相关要求或计划执行
一般	80~89	有时不按相关要求或计划执行
较差	60~79	经常不按相关要求或计划执行,或执行不到位
很差	0~59	不按相关要求或计划执行,或执行完全不到位
类型4 服务态度类指标评分参照表		
评分阶梯	分值	对应含义
很好	96~100	主动服务,服务态度让客户愉悦
较好	90~95	服务态度让客户满意
一般	80~89	服务态度让客户基本满意
较差	60~79	服务态度不能让客户满意
很差	0~59	服务态度很差

续表

类型5 及时性指标评分参照表		
评分阶梯	分值	对应含义
很好	96~100	能主动配合对方并及时完成
较好	90~95	在对方的要求下及时完成
一般	80~89	多数能及时完成,但仍有不足
较差	60~79	多数情况下不能及时完成
很差	0~59	在对方要求下仍不能及时完成

类型6 时限性指标评分参照表		
评分阶梯	分值	对应含义
很好	96~100	能完全按规定的时限完成
较好	90~95	绝大多数时候能按照规定的时限完成
一般	80~89	有时不能按照规定的时限完成
较差	60~79	经常不能按照规定的时限完成
很差	0~59	完全不能按照规定的时限完成

类型7 频度类指标评分参照表		
评分阶梯	分值	对应含义
很好	96~100	能完全按规定的频度完成
较好	90~95	绝大多数时候能完全按规定的频度完成
一般	80~89	有时不能按照规定的频度完成
较差	60~79	经常不能按照规定的频度完成
很差	0~59	完全不能按照规定的频度完成

类型8 准确性指标评分参照表		
评分阶梯	分值	对应含义
很好	96~100	所有信息完全准确无误,从未发现瑕疵
较好	90~95	个别信息有差错但不影响整体
一般	80~89	关键信息有差错而且直接影响到整体
较差	60~79	经常发生差错,而且直接影响到整体
很差	0~59	重要信息缺失,严重影响到整体

续表

类型9 满意度指标评分参照表		
评分阶梯	分值	对应含义
很好	96~100	所做工作令客户十分满意
较好	90~95	所做工作绝大多数时候令客户满意
一般	80~89	所做工作基本令客户满意
较差	60~79	所做工作经常令客户不满意
很差	0~59	所做工作总是令客户不满意

类型10 协作性指标评分参照表		
评分阶梯	分值	对应含义
很好	96~100	密切配合客户，能够完全配合客户完成工作
较好	90~95	绝大多数时候能配合客户完成工作
一般	80~89	有时不能配合客户完成工作
较差	60~79	经常不能配合客户完成工作
很差	0~59	完全不能配合客户完成工作

这类指标的优势在于可以充分发挥人的智慧和经验，不完全受制于统计数据的限制，毕竟，很多东西是无法用数据完全体现出来的，这样对被考核者更加公平、公正。同时，其局限性也很明显，即当评估所需要的资料不充分、不可靠或指标难以量化时，定性指标所能做出的有效判断就十分有限。因此，仅仅通过定性指标对评估结果进行统计分析也是不可能的。

3.3 考核指标的设计步骤

3.3.1 做好职位分析

设计考核指标首先要对职位进行分析，通过各种方法对被考核者所在职位的职责、工作内容、工作标准和所取得的成果进行分析。职位职责分析是设定关键绩效指标，制订员工绩效计划的基础。

绩效考核是一项基于岗位职责分析的企业管理活动。在绩效考核实践中，考核者常常犯这样的错误：对职位职责不加分析，无论什么样的职位、什么样的工作性质，都习惯采用一种或几种固定的衡量标准进行考核。由于衡量标准与考核内容不对应，绩效结果往往会出现较大的偏差。

职位界定不清,权利划分不明,是导致考核无法起到应有效果的主要原因。

案例2

某企业发展很快,规模不断扩大,业务持续增长。为了进一步激励员工,公司高层决定引进绩效管理,通过人力资源部的全力助推,绩效管理小组终于成立,并引进了其他企业先进的绩效考核机制。

具体考核如下:月初由员工做该月的工作计划,并经上级确认,月末进行自评,然后再由上级进行评分,最后汇总到人力资源部,由绩效管理小组制订各等级的评定标准。根据自评与上级评分进行等级划分,共包括"A、B、C、D"4个等级。

A级员工将获得工资的10%作为奖金,B级、C级员工不奖不罚,D级员工将扣除工资的5%作为惩罚。

这样的考核制度出台后,各部门员工都对绩效考核结果十分在意,人人争当A级员工,员工工作的积极性越来越高,工作也能更加高质高效地完成。

通过一年的推行,这种考核机制在公司逐步得到巩固,同时弊端也逐渐暴露出来。一些员工月初做绩效计划时脱离了实际,时常将表单写得满满的,不为完成任务,只希望领导看到自己没有功劳也有"苦劳",能打个高分。这样一来,考核过程中免不了人情分。而绩效管理小组由于工作量比较大,在进行最终的考核时也不再那么严格地执行绩效评定标准。

久而久之,这种考核只能流于形式,失去了应有的作用。

上述案例中哪个环节出了问题,明白人一眼就能看出,该公司过于注重对人的考核,而完全忽略了"工作"本身。科学合理的绩效管理需要基于工作,建立在职位职责分析的基础上。否则,就像案例2中表现出来的,会直接导致考核标准成为摆设,流于形式,没有对实际工作起到任何作用。

被考核部门或人员,各方都承担着各自的职责,企业在实施绩效考核之前需要先对他们的岗位职责进行分析,界定他们的工作内容、任务和职责,并对考核人的任职资格、权利权限等有详细的了解,只有在明确职位职责的基础上才可以得出更符合客观实际的考核结果。

那么,什么是职位分析呢?具体如图3-3所示。

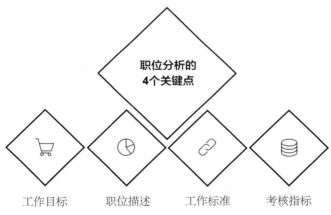

▲图3-3 职位分析详解

职位分析，通常是指对被考核者所在职位，包括考核目标、职位描述、工作标准，以及考核指标进行分析，从而达到考核的目的。尤其是对某特定的职位，要做区别对待，这是一种重要而普遍的人力资源管理技术。

做好职位分析可以提高企业的整体绩效，因此，在绩效考核之前，必须对被考核部门或个人所在职位进行详细分析。职位分析的关键点有4个，如图3-4所示。

▲图3-4 职位分析的4个关键点

（1）制订工作目标

所谓目标就是通过考核想要达到的结果，这也是所有考核中唯一一个最不可或缺的因素，任何考核都需要考虑它的目标是什么。

（2）准确职位描述

职位描述是对某个职位具体职责的阐述，如工作的性质、任务、难易程度等。一般而言，每个职位有多项职责，且难易程度不同（难易程度多与这个职位所承担任务的多样性成正比）。由于考核主要是针对职位的关键职责而展开的，因此，职位描述中一定要重点体现职位的关键职责。

（3）明确工作标准

"工作标准"与"工作目标"一样，是职位分析中最不可缺少的两项内容，标准的最高要求就是目标，而剩下的工作就是确定及格标准，几个标准决定了考核的难易程度。及格线上升，就意味着及格的人数减少；及格线下降，就意味着及格的人数增加。

关键的工作确定以后，一定要对每一项工作提出一个标准。任何一份工作都要有好、中、差这三大标准，要用书面语言写下来，以界定这个标准。

（4）设定考核指标

很多职位的绩效很难考核，关键在于，工作性质无法使得考核标准更明确的量化，同时各职能岗位的差异性也使得考核指标很难统一，权重无法明确界定。

所以，在绩效考核方案设计时，科学地制订考核标准和确定指标权重很关键，这是解决绩效管理问题的关键和重点。一般要求考核部门和人员，根据职能部门员工的岗位性质，采用岗位绩效标准指标，其中使以工作结果为主的定量指标和以过程为主的定性指标相结合，从时间、数量、质量、安全、成本等多个方面设定相应的评价标准。

设定的标准通常是一个范围，对于定性指标的评价标准往往要对指标的达成状况给予详尽的描述，分出等级，如优秀、良好、合格、较差、差，同时对每一个等级还要给出一个明确的操作性定义。

另外，除了制订统一的考核指标外，还需要根据岗位的情况制订必要的特定指标。在指定特定的考核指标时，要紧紧围绕岗位分析进行，具体表现在以下几个方面。

① 明确岗位职责。员工的岗位职责可以从其岗位说明书中获得，根据员工的岗位职责设计岗位绩效指标。如果没有岗位说明书，必须首先对岗位进行工作分析，明确其职责。

② 制订岗位绩效考核标准。岗位绩效考核标准是一种将干得好的和干得差的员工区分开来的工具，是评价员工绩效的标尺。

③ 确定不同指标的权重。不同方面的指标在绩效中的重要性是不同的，因此要根据各个指标的相对重要性，确定每个指标的权重。

④ 确定评价主体。对于定量的工作结果指标，在设计绩效标准体系时可以根据岗位职责从时间、数量、质量、安全、成本五个方面进行考虑；而对于工作行为指标，在设计绩效标准体系时应主要采用行为量表法。

简单地说，职位职责分析就是对被考核部门或个人所在的岗位进行工作评价，对相应的工作任务等设定标准。这点非常重要，通常是薪酬设计的基础，也是绩效考核的前提。通过职位职责分析，得出岗位的任职资格，给人员的招聘和配备奠定基础，可以通过工作分析和绩效考核的对比来找出员工的绩效缺口等，为培训和开发提供参考依据。

职位职责分析，是绩效考核的前提，是人力资源进行绩效考核的重要依据，可使考核更公平、更合理。

3.3.2 提炼关键绩效指标

职位分析完毕后，就可以开始从职责中提炼关键绩效指标。绩效指标的类型很多，但在某一项考核中并不可以随便运用，或者一股脑地全部用上，而是要选择最符合绩效目的、最能体现考核项目特点的指标，这也是绩效考核的难点。因此，在运用之前，需要结合所在的部门或人，认真鉴别，抓住最关键的事情，运用最合适的指标。

例如，接待员倒茶水这项工作，每天都要重复多次，早上给大家泡一遍茶水，下午又给大家打一遍开水，中间需要喝水的人多了，还要不断地给人添水。他（她）的工作有可能一天重复很多次，但在考核的时候需要对每次倒水都进行考核吗？显然不需要。因为这项工作重复性很强，工作的价值相对就低。做同样的工作价值比较低的，一般来说，只抓其中最重要的事情。习惯上，我们把最关键的这几件事称为关键事件。

绩效考核一定要放在关键绩效上，考核工作一定要围绕关键绩效展开，才能取得较好的效果。毕竟很多工作都是重复的，因此，在绩效考核上有了一个非常重要的考核法：关键绩效指标法。

案例3

中国天然气股份有限公司在2012年走了一段下坡路。怎么得出这一结论的呢？依据就是一份财务报表，经过对相关指标的分析，从而得出此结论。

据财务报表分析称，公司2011年年初资产总额为7500万元，净利润为800万元，所得税为375万元，财务费用为480万元，年末资产总额为8400万元；2012年净利润为680万元，所得税为320万元，财务费用为550万元，年末资产总额为10000万元。

则公司总资产报酬率如下：

$$2011年总资产报酬率 = \frac{(800+375+480)}{[(7500+8400)/2]} \times 100\% = 20.82\%$$

$$2012年总资产报酬率 = \frac{(680+320+550)}{[(8400+10000)/2]} \times 100\% = 16.85\%$$

由计算结果可以知道，中国天然气股份有限公司2012年总资产报酬率要大大低于2011年。

在这种情况下，中国天然气股份有限公司需要对公司资产的使用情况、增产节约情况，结合成本效益指标一起分析，以改进管理，从而提高资产利用效率和企业经营管理水平，增强企业盈利能力。

从以上案例可以看出，考核指标选择的重要性。衡量企业盈利状况的指标有很多，但中国天然气股份有限公司唯独选择了财务指标，就是因为这个指标能充分、明显地体现企业的盈利状况。它不仅可以评价企业以前的盈利情况，还可以预测企业未来的盈利空间，全面反映企业的经营效率，反映企业的盈利水平。

指标选择的对与否，大大影响着考核的效果。因此，想要准确考核某个项目就必须找出最适合这个项目的关键指标。那么，下面就来谈谈如何选择关键指标。

（1）最能体现企业战略目标

关键指标，是根据公司的战略及业务计划、流程、部门职责、职位工作职责的要求，为被评估者制订可衡量的、能够量化的、具有代表性的关键绩效指标。提炼关键绩效指标由各级经理根据直接下级的关键职责，结合本部门与下级的关键工作职责，跟下属沟通确定关键绩效指标。

（2）根据考核总目标选择

指标是以需求为前提的，因此，一切指标都必须服务于考核项目的需求，只有有利于需求的指标才能被使用，反之则可以摒弃。那么，以什么标准来检验是否适合需求呢？这就需要每个考核项目都有明确的绩效目标。

例如，某部门今年全年的工作目标是完成1000万元的项目，而去年最高额度才800万元，这就意味着今年至少要超额完成200万元才能达到目标。那么，该如何选择考核指标呢？需不需要对这200万元项目的完成情况进行单独考核呢？答案是否定的。这要围绕总目标进行。因此，在选择指标时，原则只有一个，即如何来完成1000万元的项目。

（3）根据岗位的特点选择

不同部门、不同岗位，承担的任务不同，对企业的作用也不同，在选择考核指标时也应有所侧重，即根据部门和岗位的性质、特点进行。比如，销售部选择考核指标可侧重于销售额、回款率、回款速度等；工程部选择考核指标则可集中在工程的完成质量、合格率，以及安全事故的控制率等。

只有有针对性地选择，才能真正反映出该部门的绩效。

（4）根据其他考核需求选择

有的企业在选择指标时盲目追求数量而非质量，求全而无重点，面面俱到。这样看似公平，实则不是，花大精力设计和选择出来的指标，实施后对企业的效益并没有预期的那么好。如果投入的成本远大于带来的收益，这就是亏损。如果大家都在做亏损工作，企业的效益就不会好。

相比而言，选择指标要善于抓重点，将更多的注意力放在对重要工作的考核上，按二八原则，即企业里20%的人创造80%的利润，20%的工作提供80%的价值。比如，一个房地产公司某项目需要赶工期，对其工程部的考核可以这样进行，重点考核工期的完成时间和质量，对这两项的考核至少要占到70%以上，至于成本、安全性因素以及其他则可以考核或者不考核，如表3-4所列。

▼表3-4 根据考核需求选择指标类型

指标类型	权重
工期	40%（在质量合格的前提下计算工期、已体现基本质量要求）
质量	30%（在保证合格、不超成本线的前提下做出更好的质量）
成本控制	15%（配合预结算部门一起控制成本）
安全	10%
其他	5%

指标的选择直接关系着考核结果的公正性和合理性，因此，在选择指标时需要注意对其进行综合考量，既要考虑指标自身的问题，也要结合考核项目的具体情况，指标没有好坏优劣，只有合适与不合适之分。

（5）识别影响战略目标的关键因素

企业所拥有的资源有限，一个人的经历也是有限的，有限的资源、有限的精力只能投入有限的关键点上，对于低价值或无价值的投入我们不能去做，对于低价值或无价值的工作我们不必考核。这就要求我们在设置绩效考核内容时要抓好关键问题，抓住企业价值流中的关键，避免眉毛胡子一把抓，主次不分。

比如，a目标和b目标体现了不同企业发展的目标差异。a目标体现了企业重视财务的思路，b目标则体现了企业对财务和客户的同等重视程度。一般来说，企业的资源越有限，越应该集中于某一个或者某两个目标；企业的发展阶段不同，指标的权重分配也有所不同，因此权重的设定要定期进行调整。

3.3.3 关键绩效指标：KPI

关键绩效指标（Key Performance Indicators，KPI），是指考核工作一定要将主要精力放在关键结果和关键过程上的一种考核方法。KPI反映的是被考核部门或所属人员的业绩指标。所有指标均以数据的形式呈现，因能定量、定性地对直接创造利润和间接创造利润的贡献做出评估，更明确地衡量被考核者的绩效。

案例4

深圳某地产公司因开发了一项极具成长潜力的项目而一举成名。公司规模迅速扩大，人员从以前的20多人增长到200多人，同期开发的项目增长到10多个，而且业务范围大大拓展，涵盖房地产销售与代理、管家服务、旅游地产、地板进出口贸易等多个领域。

然而，随着公司规模的不断扩大，人员的不断增加，公司的高层领导感觉到再也不能遗忘管理模式了。于是决定对企业结构进行变革，由以前的总经理一管到底的制度转变为多个部门平行管理，地产建设、地产营销、管家服务与物业管理等分别设置一个部门，每个部门都分别任命总经理，这样既能减轻总经理的压力，又能相互制约，共同促进。

为使各部门之间形成良好的竞争机制，该公司还采用了一个全新的绩效管理理念：关键指标评价法，即重点对能够使企业目标实现产生重大影响的几个主要要素进行考核。经过全体员工的讨论，确定六大关键因素，分别为良好的对外关系、概念领先、品牌知名、土地储备、成本控制、销售目标完成情况。

（1）良好的对外关系。对于一个地产公司来说，搞好外部的整合关系至关重要。比如，搞好与银行、政府的关系，获得政府和银行的支持，可以使企业少走不少弯路。

（2）概念领先。地产产品概念，是争夺市场的一个重要手段，这就要求项目要不断创新。比如，材料、服务、生活理念等。

（3）品牌知名。对于公司来讲，品牌是一个至关重要的因素，是公司长久发展的重要条件。比如，消费者在选择楼盘的时候，首先会关注这是哪个开发商开发的，这直接影响产品在他们心中的地位。

（4）土地储备。地产公司生产的是一种特殊产品，是建立在一种不可再生的资源上，这种资源就是土地。对于地产公司来说，在好的地段上储备一定数量的土地，是关系到地产公司是否可以持续发展的关键因素。因此，土地储备是地产公司运作的一个重要因素，也是一个关键性的成功因素。

（5）成本控制。地产公司的运营风险非常大，因此对成本控制要求极高，一旦控制不好经营风险马上就会凸显出来，因此，成本控制就成了地产公司运营的一个重要领域。

（6）销售目标完成情况。完成销售目标是公司获得既得利益的保障，是现金流正常运转的保障，否则，一切都将是空谈。因此，对销售人员销售目标的考核将成为KPI考核中一个非常重要的方面。

以上六个主要因素的确立，既保证了企业目标更好地实施，又可以保证公司在发展过程中，始终不偏离最终目标，使各项工作始终围绕着企业的战略目标进行。正是因为实行了KPI考核系统，该公司又在深圳东部沿海开发了大片土地，经营状况持续向好。

上述案例说明，KPI考核法是运用关键指标来衡量被考核部门和人员的绩效，抓住了关键问题和企业中价值最大的部分。因此，利用关键绩效指标法进行绩效考核，最核心的就是做好KPI指标设计。具体可从以下两个内容入手。

（1）KPI指标的作用

KPI指标通过对关键部门、关键岗位绩效进行考核，然后，以此为基础来评估整体业绩。这有点类似于抽样调查，通过样本来推测整体，找到规律得出最终结果。这样的考核方法是因为企业的资源价值大小不同，职位职责分工不同，管理者的时间和精力有限等，从而利用有限的资源、有限的精力实现价值的最大化。

确定切实可行的（KPI）体系是做好绩效管理的关键所在，可以使企业各部门明确自身的主要责任，同时可以以此为基础，衡量各部门、各员工业绩的指标。具体来讲，主要表现在3个方面，如图3-5所示。

```
                    ┌─ 对于企业而言，可定量、定性地对直接或间接创造
                    │  的利润进行评估。作为公司战略目标的分解，KPI的
                    │  制订有力地推动了企业战略在各部门的实施、执行
                    │
KPI指标的作用 ──────┤  对于管理者而言，可对工作过程进行评价和控制，
                    │  可对正确的目标发展起到积极的引导作用；对于管理
                    │  人员而言，能清晰了解经营领域中的关键绩效参
                    │  数，并及时诊断存在的问题，采取行动予以改进
                    │
                    └─ 对于员工个人而言，有利于员工将个人目标与部门
                       目标、公司目标联系起来
```

▲图3-5　KPI指标的作用

综上所述，KPI指标的作用是全方位的，大到整个企业，小到生产、销售、采购、财政等各个部门，以及其各个员工都可以覆盖得到，对企业整体绩效的提升有重要的促进作用。

（2）明确KPI指标的来源

KPI作为衡量工作绩效的关键指标，体现的是公司战略目标的利益，因此指标的设置必须与企业战略目标相符。当符合企业战略目标的利益时，就有利于绩效的考核；当违背企业战略目标时，则不利于绩效的考核，也无法很好地体现绩效成果。

所以，KPI的设置来自对企业战略目标的深入理解，是将公司的战略和远景分解为可量化、可操作的具体目标的过程。具体步骤如图3-6所示。

第1步	建立愿景
第2步	确定企业最高战略目标
第3步	识别影响战略目标的关键因素（CSF）
第4步	为每个影响因素（CSF）至少设计一个衡量指标（KPI）
第5步	结合本期预算，为每个CSF/KPI组合确定一项预算目标
第6步	取样计算衡量，流程绩效的一种目标式量化管理指标

▲图3-6　构建KPI指标体系的步骤

值得注意的是，这里提到两个名词——CSF和KPI，这是企业目标设计、衡量分析最常用到的两个管理术语。两者的区别与联系如表3-5所列。

▼表3-5　CSF与KPI的区别与联系

CSF是指组织内外部环境因素，它对组织实现既定目标有着主要影响。每一个CSF可以有多个KPI	CSF是对关键性因素进行考核的一种指标，很多事件中关键因素是制订关键绩效指标的依据
KPI指标不是目标，是可以量度的标准，用来衡量组织绩效是否达到CSF的要求	KPI主要是用于考核工作人员工作绩效的量化性指标，是绩效计划的重要组成部分

从表3-5中可以看出，KPI是CSF的具体反映，所衡量的内容始终体现着CSF，但又不完全等同于CSF，仅仅限于企业经营业绩中可量化部分的衡量，是

对企业重点经营活动的反映。

同时，关键绩效指标也要随企业战略目标的变化而调整。当企业战略目标发生调整时，关键绩效指标也必须予以调整。

3.3.4 设计指标权重

一名考核员工在规定的考核期内考核目标往往有多个，所以绩效目标不是一个。因此，绩效计划还应该包括各绩效指标间的权重或优先级。绩效指标权重反映企业重视的绩效领域，对于员工行为有明显的引导作用。

指标权重的设计不能太高，也不能太低。如果某指标的权重太高，可能会使员工只关注高权重指标而忽略其他；如果某指标的权重过低，则不能被引起足够重视，同样会致使这个指标被忽略，那样的话这个指标也就失去了意义。

（1）绩效指标权重设计的原则

绩效指标权重的设计是有规律、讲原则的，不可过于随意，完全靠个人意愿、偏好而行。绩效指标权重设计的基本原则如图3-7所示。

原则1： 突出重点目标的指标应加大权重。如本年度重视产品质量，则应该增加返修率、次品率、直通率等质量类指标的权重，"质量第一"的导向要体现在权重之中，但将权重设为多少合适呢？对绩效指标的权重进行不同组合，可以得出迥异的评价结果

原则2： 岗位越高，财务性经营指标、业绩指标权重应越大；越是基层岗位，岗位职责相关的工作结果类指标的权重应越大。流程类指标权重则要越小

原则3： 先定量后定性，优先设定定量指标权重，且总权重要大于定性指标权重

原则4： 同一考核目标下设5~10个指标最适宜，每个指标权重在5%~30%，最小为5%，按照5%的倍数递增

原则5： 重要指标设1~3个，权重占总指标的60%；如果只设1个指标，权重为60%；设2个指标，则每个指标的权重为30%；设3个指标，则每个指标的权重为20%

▲图3-7 绩效指标权重设计的基本原则

（2）绩效指标权重设计的方法

绩效指标权重的设计方法也有很多种，常用的包括主观经验法、等级排序法、对偶加权法、倍数加权法、历史环比法等，具体如图3-8所示。

主观经验法	依靠专家经验和推算判断指标权重，这种方法对决策者的能力要求很高，比较适合小规模的企业
等级排序法	让评价者对指标的重要性进行排序，把排序结果换算成权重，这种操作简单，但也比较主观
对偶加权法	将各考评要素进行比较，然后将比较结果进行汇总，从而计算出权重的方法，适用于指标不多的情况
倍数加权法	选择某个考评要素，将其设为1，将其他要素和其进行重要性对比的方法
历史环比法	结合历史情况及当前目标进行调整，适合延续性的指标

▲图3-8　绩效指标权重设计的方法

（3）绩效指标权重设计的步骤

人力资源部可以请该岗位的任职者、上下游同事代表、直接主管、部门负责人、绩效经理和公司绩效委员会成员代表组成专家组，按如下步骤来进行。

① 先请指标定义的部门/人员对指标进行定义和计算方式的解读，使专家组对指标的理解没有歧义。绩效经理在会前应尽量收集更多的历史数据和组织战略目标要求供专家借鉴参考，并在评定前对专家进行权重设置原则的相关培训。

② 请专家组对指标的重要性进行两两比较、排序，得出票数最高的指标排序组合方式，即为指标重要程度的最终次序。重要程度越高，排序越靠前，权重就越大，反之亦然。这个排序可以背靠背进行再汇总，这样效率比较高，但可能由于缺少讨论导致有些信息不对称，也可以由专家组开会讨论，但要防止因某代表的权威影响大家发表意见。

③ 在排序确定后，根据指标权重的设置原则，由专家组对各指标所占权重进行设定，然后由绩效经理进行汇总平均，并将该结果反馈给各专家。然后，再由专家根据这一反馈结果，对各自设定的指标权重进行调整，最后由绩效经理负责汇总平均（取整数），即为最终的指标权重。

因此，即使是人为地凭经验确定指标权重，也要有根据和规律，建议由跟被考核岗位密切相关的多人进行综合评议决定，而不是交给一个人随意决定。

第 4 章

量化考核指标，保证考核实施

绩效考核指标通常分为定性指标和定量指标两大类，为了保证考核的有效实施，必须坚持定量指标为主，定性指标为辅的原则。指标量化是一个逐步完善的过程，要随着企业内部管理的完善而逐步加大力度。

4.1　量化考核指标的重要性和必要性

案例 1

　　某公司为了激励员工，决定实施绩效管理，并四处征求意见，最后决定采用很多人提议的"月度绩效考核"方法。谁料，该方法实施一个月后，员工的积极性不仅未见提高，而且原先表现积极的员工也不积极了。每个部门上交的考核结果也日趋平均，甚至有的部门给每个员工打了相同的分数。整个公司的人际关系也变得有些微妙，没有以前和谐了，同时，员工离职率也开始上升。

　　总经理觉得很困惑："不都说绩效管理好吗？为什么我的'月度绩效考核'达不到好的效果，反而产生那么多负面影响呢？"

　　从考核结果看，由于对工作的评估没有量化，上级在给下级做业绩评估时，难免会因为个人喜好，使得评估结果不公正，难以令人信服。

　　绩效考核是衡量员工工作成果的最常用手段。要做到考核指标的高度量化，可用数字做管理，具体可通过一些科学合理的计算方法，使结果更客观、公平、公正，及时反映工作任务进度，以便及时调整改进考核指标。

　　例如，对人力资源部经理的要求是：今年劳动争议胜诉率达到70%以上，员工满意度超过90%，劳动力成本下降10%，员工流失率下降到10%以下等，这些都有具体的数据来说明，无形中成为员工工作的动力。

　　这说明，只有内容数据化，非常清晰，才能更有利于员工明确自己的工作任务，从而努力工作。量化指标就是为清晰地反映出企业希望员工达到的预期成果而设定的，考核中的关键指标、重点指标尽量用量化的数字来表示。

4.2　量化指标的4个标准

　　量化指标的4个标准可归结为"四化"。所谓"四化"，即"能量化的尽量量化，不能量化的先转化，不能转化的尽量细化，不能细化的尽量流程化"。绩效考核指标的4个标准如表4-1所列。

▼表4-1 绩效考核指标的4个标准

标准	适用性	解读
能量化的尽量量化	普适性	如培训工作可从培训时间、培训次数数衡量；制度工作可从制度的制订数量、合理性、违反次数来衡量
不能量化的先转化	比较笼统的工作	如抓产品质量、安全生产等，这些工作看似笼统，无法截取某个环节来重点考察。这时可通过目标转化的方式实现量化，转化的根据包括数量、质量、成本、时间等元素
不能转化的尽量细化	比较繁杂琐碎、无法确定其核心的工作	办公室主任、行政人员、内勤等，工作比较琐碎，这时可以先对工作进行盘点，然后找出该职位所承担的关键职责，最后利用合适的指标进行量化
不能细化的尽量流程化	本身就比较单一、细化的工作，无法准确衡量其价值	打字员、出纳、初级会计、培训专员、监察员等，其工作就是简单的重复。对这类工作，建议流程化处理，然后针对每个流程进行多维度衡量，或列出相应的等级进行评估

4.3 量化指标的5个原则

量化指标的制订要符合5个原则，即SMART原则。SMART是Specific、Measurable、Achievable、Result-oriented、Time-bounded 5个英文单词首字母的合称，各自表达着不同的含义，如图4-1所示。

▲图4-1 SMART原则的具体含义

（1）具体的（Specific）

具体的，即所制订的指标要明确，用具体的、清晰的、无歧义的语言准确说明要达成的目标。表述不够明确，往往是因为很多指标中存在漏洞；也正是表述不够明确，才使得在具体考核的时候无从下手。

案例2

某企业制订了月底要"增强客户意识"这样一个指标。其实，这个指标描述就很不明确，因为增强客户意识有许多具体做法，如提升服务的速度、使用规范礼貌的用语、采用规范的服务流程、减少客户投诉，等等。这么多增强客户意识的做法，到底要考核哪一方面，指标中没有明确指出，不明确就没有办法评判、衡量。

所以，可以这样修改，比如，在月底前把前台收银的速度提升至正常的标准，这个正常的标准可能是2分钟，也可能是1分钟，或分时段来确定标准。

再如，过去客户投诉率是3%，月底计划把它减低到2%或者1%。这也是增强客户意识的一个方面。

（2）可测量的（Measurable）

可测量的，即所制订的指标必须量化，有明确的数据和标准作为衡量是否达成目标的依据。其要么用数字体现，要么写明具体标准，如优秀、良好、及格、差等等级。

如果制订的目标没有办法衡量，就无法判断这个目标是否实现。

案例3

常常遇到这样的情景，领导问"距我们预期的目标实现还有多少"，员工回答"马上""快了"，领导听后很满足。而事实上呢？到了预定时间，这个目标很难实现。领导苦不堪言，心想自己一直在监督执行，为什么还是完不成任务？

这个问题的根源在于，没有给员工一个可以衡量的分析数据。"马上""快了"是两个既不明确也不容易衡量的概念。到底指什么？是不是只要去做了，不管做多少，也不管效果好坏都可以称为"马上""快了"呢？

对此可以这样改进：

在什么时间要完成什么目标、多大的量，然后根据达到的量进行阶段性评分，如超额完成的为80分，刚刚达到的为70分、没达到的为60分。低于60分的就认为效果不理想，高于80分就是所期待的结果。

在这个过程结束后，再对每阶段的评分进行复评，这样使目标变得可以衡量，也更容易实现。

（3）可实现的（Achievable）

可实现的，即所制订的指标要符合实际，尤其是符合被执行人的实际，能够为被执行人所接受。有些领导喜欢给下属"强加"任务，利用一些行政手段、权力把自己所制订的目标强加给下属，完全忽略下属的承受力。这样的结果会导致下属心理和行为上的抗拒，要么拒绝，要么接受但不尽力，怀着"我可以接受，但能否完成就不得而知了"的想法去做。

案例 4

某餐厅经营早餐，但这一业务的利润在整个餐厅的利润中所占比例很小。为了提高占比，经理制订了一个早餐销售额提升目标：即在上月（同一时段）的基础上提升15%。其实，这就是一个不太符合现实需求的目标。因为早餐利润在整个餐厅利润中的占比本就很小，假如上个月只有很少的收入，提升15%的幅度意义并不大，达不到提升总占比的目标，甚至为了完成这个目标所要投入的成本比所获得的利润要高很多。

投入与收入不成正比，甚至入不敷出，从这个角度看，15%就是一个不可实现的目标。

（4）以结果为导向（Result-oriented）

所有的指标制订必须围绕结果而展开，有结果才值得去考核，千万不可做诸如"面子工程"之类的指标。所谓的结果，其实就是客观条件，即支撑目标实现的现有资源，且是客观存在、实实在在的。

案例 5

某企业往年的年度销售额是2000万元左右，且这个结果是企业生产能力、市场消化能力，以及销售部门营销、推广等各方面工作维持在一个正常运作状态下产生的结果。那么，在制订新的年度销售目标这一指标时，就应保持2000万元这个量，或者稍多些。

假如未来某一方面工作已经有特别大的突破，可以在2000万元的基础上上升一个台阶，如提高50%、翻倍等；假如各方面仍处于原状，领导却要求翻倍，达到4000万元，那么这个指标肯定不切合实际，没有做到以结果为导向。

（5）时限性（Time-bounded）

所有的绩效是在一定时间内完成和达到的。如果设定指标没有时间限制，那么这个指标即使实现也没有任何意义。例如，要求200万元的销售额，必须规定在多长时间内完成，否则单单这么要求是没有意义的，要求1个月完成，实际却是2个月才完成也是没意义的。

SMART原则，是制订量化指标时需要遵守的原则和基本要求，它们之间是相互联系、相辅相成的，缺一不可。只有同时符合这5个原则才能称为一个完整的量化指标，因此，这5个原则可融合在一个链条中，如图4-2所示。

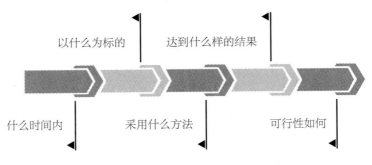

▲图4-2 链条化的SMART原则

4.4 量化指标的两种表述形式

量化指标的表述形式指如何用数据来表现指标。数据的表述一般有两种，一是绝对数值；二是相对数值。因此，量化指标的表述形式也有两种：绝对指标和相对指标。

绝对指标是指直接用数字表述的指标，如"产量3000万台"等；相对指标是指用百分比表述的指标，是一个比值，如"增长率超过30%""次品不超过1%"等，如图4-3所示。

▲图4-3 量化指标的两种表述形式

（1）绝对指标

绝对指标是一个绝对数，在量化指标中这个绝对数值非常重要，往往是衡量被考核者的硬指标，要求必须达到。达到了就是合格，反之就是不合格。

案例6

某生产性企业2020年预计生产机器设备3000万台，如果达到3000万台就是达标（优秀），达不到3000万台就是不达标，不够优秀。再如，某企业2018年的利润指标是2000万元人民币，这个2000万元人民币就成了一个绝对数。

（2）相对指标

量化指标中的相对指标也非常重要，往往是被考核者相对价值的体现。这种指标现实中运用得也非常多。

例如，杰克·韦尔奇推崇的六西格玛理论，这是一个以数量方法为基础的质量改进活动，其运用的就是相对指标考核。借用统计学概念，形象地说明产品合格率、操作错误次数。即在100个产品或者每100万个机会中，次品率或者操作失误的次数，不超过3~4个，这是一个接近完美的指标。

再如标杆管理法，运用的也是相对指标进行考核。标杆管理法是一项有系统、持续性的评估过程，通过不断地将企业流程与行业优秀、居领导地位的企业相比较，获得自身绩效改善、提升的方法。是指以竞争对手为基准，将对方产品，或制作流程，或管理方法等作为参照，并将其用到的考核指标作为自己制作指标的依据，同时，再用自己的指标与对方的指标比较，得到更为科学的相对比值。

4.5 量化指标的表述方式

量化指标需要用具体、明确的文字、数字等表述出来，那么，如何表述才能让被考核者一看就明白呢？常用的表述方法主要有以下几种。

（1）列举法

列举法，就是把所有可能的情形全部列举出来，要求能够对应所有的情形，即"穷尽所有情形"。比如，对学历进行考核，一般是这样罗列的：博士10分，硕士8分，本科学士6分，大专5分，高中4分，初中及以下3分，如图4-4所示。

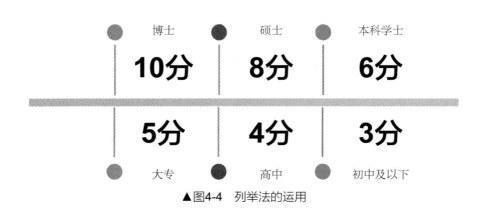

▲图4-4 列举法的运用

当然,实际情况却要比理想状态下这种模式复杂得多。假如某一位员工参加考核,他有两个硕士文凭,那么请问该给几分?

案例7

硕士是8分,所以有员工提出疑问:两个文凭可不可以评分更高,算不算一个博士所得的分?如果不算的话,那么就要增加一条规定:如果两个文凭都是同一级别的,只计算最高的那个或者是只计算一个。第二个人来问:大学本科毕业读了研究生但是学位没拿到,只是读了两年研究生,怎样计算呢?那就需要制订新的规则,即"没有获得学历和学位的一概不算"。第三个人则有两个硕士学位怎么算?按照同级别只算一个的话,那么硕士是8分,两个硕士学位也只能是8分。这样一一确定,整个列举法的指标体系就一一对应了。

所以,"罗马不是一天造起来的",构建一整套企业的绩效考核指标是不可能一蹴而就的,真的需要几代人的努力才可以完成。

(2) 扣分法

扣分法是指当发生不符合规定的行为时,从总分值中扣除原本应当得到分数值的一种表述方法,这种方法操作简单,非常便于执行。例如,全勤10分,病假扣1分,事假扣2分,旷工扣5分等,这就是扣分法,如图4-5所示。

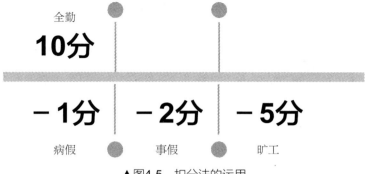

▲图4-5 扣分法的运用

扣分法在使用中也要注意将所有的情形都要穷尽,即要把各种情况都罗列完整。比如,对于"全勤"就要定义,请产假是不是全勤?年休假呢?探亲假呢?婚假呢?丧假呢?理论上讲,只要有"假"出现,就不能算作全勤,但是法律规定产假视为出勤,年休假也作为出勤对待,除此之外,都不能算作全勤,婚假、丧假是有薪假期,即便带薪也是一种福利而已,不代表全勤。不过这些内容都应当事先明示,以免产生争议。

(3)加分法

加分法,就是在原有评分标准的基础上,额外增加加分项达到加分标准给予加分,反之不加分(记为零分)。例如,评为市劳模加10分,评为区劳模加5分,评为企业内劳模加2分,评为先进积极分子加1分,普通员工不加分,如图4-6所示。

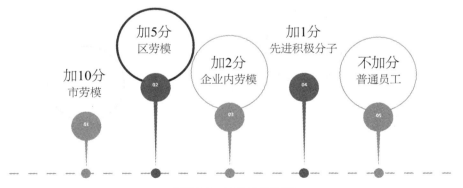

▲图4-6 加分法的运用

加分法的运用也要事先公示,告知任何员工都可以争取和获得,也为员工指明了奋斗的目标和方向。

（4）比率法

比率法，就是相对指标，即直接用百分比说明，通过百分比直观表示。例如，"出勤率98%"就是直接用比率加以表示的一种方法。直接用比率法表示的好处是不需要任何事先的解释和说明。

需要注意的是，尽管我们提倡指标要尽量量化，但并不是什么都可以量化，如果一刀切，硬性量化，反而会导致考核僵化。对于不能量化的指标，就必须采取定性考核或质化考核等。

第 5 章

确定考核方法，科学有效评估

采用什么样的考核方法是根据考核维度而定的。
考核维度可分为横向维度和纵向维度两大类：
横向维度是从组织、个人绩效这一层面来考核；
纵向维度是从人、事的层面进行考核。

5.1 组织绩效考核方法

5.1.1 目标考核法：以目标为导向进行考核

目标考核法的理论基础是目标管理，又叫MBO（Management by Object）。该理论的提出，在管理学上具有划时代的意义，与学习型组织和企业流程再造（BPR）并称为20世纪最伟大的三大管理思想。目标管理是由管理学大师彼得·德鲁克在1954年首先提出来的，并率先在通用电气公司（GE）实行，取得了很大的成功。20世纪50年代以后，广泛运用于欧美企业，20世纪80年代末传入中国。

案例1

博能顾问公司是较先使用这种考核方法的中国企业之一。该公司成立于1992年，是一家综合性咨询机构，主要从事公关、广告、企业管理等业务。

1996年，总裁张伟嘉加入该公司，同时带来了曾在美国数字设备公司、美国系统软件联合公司等美国企业做管理工作的先进理念。最为重要的就是建立MBO体系，具体为：将公司的整体目标分解到部门，由部门分解到组，然后再由组分解到个人。

在对个人的考核上，博能建立了一个很完善的"三联单"式MBO计划书。这个计划书一式三份，分别由员工本人、其直接经理和人力资源部各执一份。这个计划书是由员工与其直接经理沟通共同制订的，内容主要涉及自己上个月的工作完成情况及下个月的工作目标（逐项量化），并进行打分。

整个考核体系由每月的MBO、评估全体员工、优秀员工评选、针对中高层管理人员的年终考核、部门经理年度优秀经理人评选组成。无论对哪个阶层人士的评估，必须以每月一次的MBO为基础。

MBO的评估结果与当月奖金直接挂钩，如果MBO所列的各项目标全部完成，该员工即可得到相当于其基本工资40%的奖金。

博能实施MBO考核制度以来一直在不断完善，并在内容和形式上与本土优势资源相结合，即"结果导向"。这也是博能的一个核心价值观，也就是说，博能公司重视功劳，而不看重苦劳，着眼的是结果，而不是过程。

可以看出，博能的MBO考核之所以能够落到实处，最重要的是有明确的目标引导。博能特殊的绩效考核体系，与博能的业务、价值观、经营目标完全融为了一体，成为管理活动中的主要内容，因此也得到了预期的目标。一是提高了整

体绩效水平，提高了企业的经济效益；二是对员工进行甄别与区分，使得优秀人才脱颖而出，有利于个人职业的发展。

MBO的最大特点是以人为本，强调员工参与管理，有效调动了员工的积极性。很多企业在运用MBO时都陷入了一个误区，即忽略了员工的参与：一般都是企业高层制订年度目标，然后将该目标强行分摊给各部门，各部门再分摊到每位员工身上。在这个过程中，员工只是被动地执行，始终没有参与到其中。因而，大多数目标难以得到基层的认同，执行起来自然大打折扣。

在MBO的实施上，要遵循"四个共"的原则，即共识、共担、共享和共赢。

✦ 共识，是指上级和下属通过共同协商，就制订的工作目标达成共识，并全力以赴地去实现。

✦ 共担，是指为了达成目标，上下级共同努力，而目标无法达成时，一起承担责任，并相互检讨。

✦ 共享，是指整个公司所有成员之间实现信息、知识、技能和资源的共享，以便更好地发挥集体的优势，向着既定的目标前进。

✦ 共赢，是指通过共识、共担和共享，实现最终目标，形成个人与团队、团队与公司共赢的局面。

虽然MBO是绩效考核中一种非常重要的工具，但在实际操作中也存在许多缺点，主要表现在以下4个方面。

① 目标难以制订。随着企业内外环境变化得越来越快，可变因素越来越多，不确定性越来越大，这使得考核活动也变得日益复杂，许多考核项目难以明确地界定，考核目标难以定量化、具体化。

② 目标管理成本比较高。目标管理需要上下级之间进行充分的沟通，达成高度统一的共识，而这是个很长的过程，需要投入大量的人力、物力和时间成本。

③ 时机不成熟，条件不够充分。目标管理能够顺利实施的前提条件是被考核者的自觉性要高，许多企业的员工是无法做到这点的，再加上企业监督不力，目标管理所要求的承诺、自觉、自治气氛难以形成。同时，目标管理对管理者的素质要求也比较高，而在许多企业中有些管理者是不合格的，独断专行，难以充分听取下属的意见。

④ 急功近利。在目标管理实施过程中，每个部门、每个人只关注自身目标的完成，忽略了企业总体目标的实现，从而会滋长本位主义、临时观点和急功近利倾向。

5.1.2 平衡计分卡考核法：战略绩效管理工具

平衡计分卡（Balanced Score Card，BSC），最早由哈佛大学教授Robert Kaplan（罗伯·柯普朗）与诺兰诺顿研究所（Nolan Norton Institute）执行长David Norton（戴维·诺顿）共同提出。他们根据多年的研究成果，结合实践经验，于20世纪90年代正式提出平衡计分卡考核法，如图5-1所示。

```
平衡计分卡考核法
    ↓
是一个以"财务量度"为基础的绩效评估方法，从财务、顾客、业务流程、学习与成长四个维度，将企业战略落实为可操作的衡量指标和目标值，目的是使企业的"策略"转变为"行动"。
```

▲图5-1　平衡计分卡考核法

财务、顾客、业务流程、学习与成长是衡量企业战略实现程度的4个维度，每个维度又可分别从目标、指标、目标值、行动方案4个方面进行更细化的考核，具体如图5-2所示。

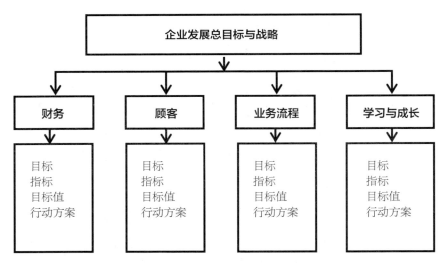

▲图5-2　平衡计分卡考核指标的4个维度体系

传统的财务会计模式只能衡量过去发生的事情（落后的结果因素），而无法评估组织前瞻性的投资（领先的驱动因素）。在工业时代，注重财务指标的管理方法还是有效的。但在信息社会里，传统的业绩管理方法并不全面，组织必须通过在客户、供应商、员工、组织流程、技术和革新等方面的投资，获得持续发展的动力。正是基于这样的认识，平衡计分卡考核法认为，组织应从4个维度审视自身业绩：财务、顾客、业务流程、学习与成长。

案例2

1994年，美孚石油北美区分销炼油事业部开始采用平衡计分卡考核。自实施这种考核方法后，一直到1998年的4年间，北美区分销炼油事业部发生了翻天覆地的变化：首先，在管理上摆脱了一个官僚化、生产效率低、毫无竞争力、积弱不振的局面；其次，在效益上达到了一个新高度——汽油销量的年增长率均超过行业平均水平2%以上，每加仑（美制1加仑＝3.785升）汽油生产成本降低了20%。

这一巨大的变化与新上任的首席执行官鲍勃·麦库尔有莫大的关系，但最根本原因还是平衡计分卡的使用，他们正是从财务、顾客、业务流程、学习与成长4个方面入手的。

（1）财务

根据平衡计分卡，美孚在每个指标上都设定了战略目标和衡量指标，使企业内部价值链的各个环节都对财务目标更加明晰，并确定了高层财务目标：3年内从现有的7%提升到12%。

为了实现这一目标，部门制订了以增长战略和生产力战略为主题的发展战略。增长战略包括提升产品的销售量、增加产品的种类（主要是除汽油外的其他产品），生产力战略包括降低成本、提升资本使用效率。

（2）顾客

通过市场部门对消费群体进行调研，美孚发现自己的客户群体主要有忠实族、3F族、家庭主妇和价格敏感者。通过对这4类客户群体的分析，管理层发现了更大的消费潜力，因为除去价格敏感者这部分人群外，前三类客户群不仅仅需要单纯的汽油，他们对石油附加品同样是有需求的。为了争取更大的利润，美孚最终决定把这三类客户群作为企业的重点客户去开发，为其提供超值购买体验。

（3）业务流程

为了战略目标的达成，美孚明确了两个重要业务流程：一是开发新产品和新服务；二是通过非汽油类产品提升经销商利润。

（4）学习与成长

为了对部门进行改革和创新，美孚管理层决定加强对员工技能和素质的培养，并成立了培训班，要求每个员工至少要达到3项标准，具体如表5-1所列。

▼表5-1 员工学习与成长标准

序号	学习与成长标准
1	营造学习氛围，及时了解企业发展战略意图，及时获取与战略执行相关的信息
2	不断提升核心能力与技能，鼓励并协助员工全面掌握核心业务，以达成愿景目标
3	提升领导力水平，以正确传达愿景，加强对业务的全局思考，并开发员工潜能

企业发展是一个持续改进的动态过程，并且各个环节需要保持必要的平衡，而BSC恰好能满足这一需求，为各个环节的发展提供一种平衡机制。

（1）平衡计分卡的表现形式

平衡计分卡主要是通过图、卡、表来实现战略的规划，包括战略地图、平衡计分卡以及个人计分卡、指标卡、行动方案、绩效考核量表。通过直观图表的展示，部门职责、工作任务及其相互间的承接关系等也显得层次分明、简单明了。

（2）平衡计分卡考核的内容

平衡计分卡的4个衡量维度分别代表企业的三方利益相关者，即股东、顾客、员工，每一个都有其核心内容。

① 财务层面。财务通常与企业获利能力有关，包括营业收入、资本报酬率、经济增加值等，也可包括销售额或现金流量的迅速提高。

② 顾客层面。顾户层面使业务单位的管理者能够阐明客户和市场战略，从而创造出出色的财务回报。顾客层面的内容，通常包括客户满意度、客户保持率、客户获得率、客户盈利率，以及在目标市场中所占的份额。

③ 业务流程层面。在这一层面上，管理者要确认组织擅长的关键内部流程，这些流程可以帮助业务单位提供价值主张，以吸引和留住目标细分市场的客户，并满足股东对卓越财务回报的期望。

④ 学习与成长层面。前三个层面一般揭示的是企业的实际能力与实现突破性业绩所必需的能力之间的差距。为了弥补这个差距，企业必须投资于员工技术的再造、组织程序和日常工作的理顺，这都是平衡计分卡学习与成长层面追求的目标。学习与成长层面确立的是，企业要想创造长期的成长和改善就必须建立基础框架，以保证未来成功。

（3）平衡计分卡中的"平衡"代表的含义

平衡计分卡最大的作用就是平衡各种关系，正是有了这种平衡才能保证企业的健康运行。如图5-3所示为平衡计分卡中所谓的"平衡"所代表的含义，通常来讲有5个方面。

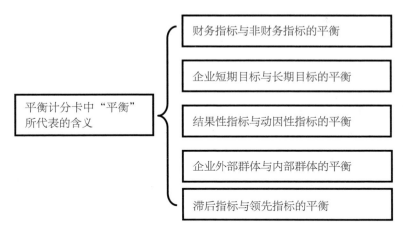

▲图5-3　平衡计分卡"平衡"所代表的含义

平衡计分卡所包含的5项平衡内容的具体解释如下。

① 财务指标与非财务指标的平衡。企业考核的一般是财务指标，而对非财务指标（顾客、业务流程、学习与成长）的考核很少，即使有对非财务指标的考核，也只是定性的说明，缺乏量化的考核，缺乏系统性和全面性。

② 企业短期目标与长期目标的平衡。平衡计分卡是一套战略执行的管理系统，如果以系统的观点来看平衡计分卡的实施过程，则战略是输入，财务是输出。

③ 结果性指标与动因性指标的平衡。平衡计分卡以有效完成战略为动因，以可衡量的指标为目标管理的结果，寻求结果性指标与动因性指标之间的平衡。

④ 企业外部群体与内部群体的平衡。平衡计分卡中，股东与客户为外部群体，员工和业务流程是内部群体，平衡计分卡可以发挥在有效执行战略的过程中平衡这些群体间利益的重要作用。

⑤ 滞后指标与领先指标的平衡。财务、顾客、业务流程、学习与成长这4个方面包含了滞后指标与领先指标。财务指标就是一个滞后指标，它只能反映公司上一年度的情况，不能告诉企业如何改善业绩和可持续发展。而对于后3项领先指标的关注，可以使企业达到领先指标和滞后指标之间的平衡。

利用平衡计分卡就是通过找到平衡点，实现被考核员工业绩的全面提升和企业的平稳发展。

（4）设置衡量指标

平衡计分卡的核心在于在考核对象之间寻求一种平衡。那么，如何实现这些平衡呢？这依赖于详细的考核指标，取决于衡量维度本身和指标的选择是否与战略相一致。按照衡量维度的不同，具体指标通常包括4个维度，如表5-2所列。现以×公司为例。

▼表5-2　考核指标设置维度

维度	×公司战略重点	对应的指标
财务	利润提升	年利润
	销售业绩增长	营业收入、销售额
	新增长点	资本报酬率、经济增加值
	降低成本、控制费用	成本控制率、费用控制率
顾客	顾客导向	产品品质合格率
		成品交货达成率
		客户服务满意度
	市场渠道变革	有效渠道数量/贡献率
	品牌推广	品牌影响力
业务流程	核心技术竞争力	产品专利数
	生产效能提升	生产效率、自动化生产贡献率
	制度流程优化	制度流程完善程度
学习与成长	团队建设	核心人才流失率
	技能培训	培训达成率

（5）战略反馈与学习

把平衡计分卡融入战略反馈与学习的框架中，是作为一个动态平衡的最好体现，也是平衡计分卡最具创新性的运用。

企业制订的长期战略一般在3～5年，甚至更长时间。然而在信息时代、知识经济的今天，企业的经营环境变化莫测，战略越来越复杂，竞争环境越来越多变，制订好的战略可能适合当时的环境和公司能力，但随着客观环境的变化就无法适应当前的环境。因此，企业必须根据外部环境、企业能力和战略反馈等各方面的信息，调整和改善企业的战略目标，以保持企业动态平衡。

5.2 个人绩效考核方法

5.2.1 行为考核法：根据行为表现进行考核

行为考核法，顾名思义，就是对被考核员工在工作过程中表现出来的行为进行考核的一种方法。

运用这种方法时，首先需要利用各种方法对考核行为加以界定，然后再评估这种行为对工作绩效的影响。这种考核法包括4种，分别为关键事件法、行为锚定等级评价法、行为观察评价法、行为对照表法，如图5-4所示。

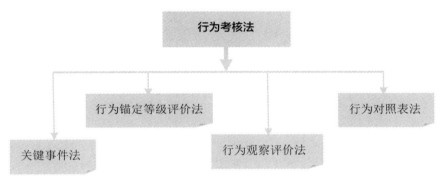

▲图5-4 行为考核法的4种方法

（1）关键事件法

关键事件法，是指摘取被考核者在工作中表现出来的极成功或极失败的事件，对其进行分析和评价来考核其绩效的一种方法。这种方法最早见于1949年福莱·诺格（Flanagan）的《人事评价的一种新途径》一书。20世纪40年代，关键事件法逐渐在企业人力资源管理领域开始应用，具体解释为，通过关键性事件来系统地反映、考核实际工作的绩效和行为。

关键事件法的核心是"关键性的事件"，通过搜集被考核者工作中的某个重大事件或关键事件来总结、分析绩效的表现或存在的问题。由此可见，运用关键事件法最主要的就是确定关键性事件。那么，HR经理该如何确定这些事件呢？大致可分为3个步骤。

① 确定选择关键性事件的标准。选择什么样的事件，要有一个严格的筛选标准，一切以有利于绩效考核目的的实现为基准。

② 对关键性事件进行提炼。关键性事件不仅仅是指一件事情，还可选择一

组相关事件，然后对其进行分析、提炼。

③ 编制典型情境。这是对关键性事件加工和优化的过程，毕竟不是所有的事件筛选出来即可直接利用，还需要对其进行进一步的定位，使之符合考核的特定要求。这也是考核中最核心的一步，决定着考核的最终成效。

关键事件法的优点是，行为具有可观察性、可测量性，而大部分焦点都集中在职务行为上，因此通过职务分析可以确定此行为给绩效带来的利益和作用。缺点是，比较费时，需要花大量时间去搜集关键事件，并加以概括和分类。另外，关键性事件一般都是指那些对工作绩效有效或无效的事件，这样就遗漏了平均绩效水平。

（2）行为锚定等级评价法

行为锚定等级评价法是指将同一职务工作可能发生的各种典型行为进行评分度量，建立一个锚定评分表，以此为依据，对员工工作中的实际行为进行测评级分的考评办法。

其具体的操作方法如下。

① 确定构成该岗位工作绩效的重要维度；收集大量能够代表被考核者工作绩效的典型行为。

② 将每个维度和最能代表它的典型行为相搭配；确定评定等级，从优到劣、从高到低依次排列，在此基础上建立锚定等级评估表。以某10个考核对象为例，分为10个考核等级，总评分为20分，如表5-3所列。

▼表5-3 锚定等级评估表

项目数	合计分数									
	A	A-	B	B-	C	C-	D	D-	E	E-
0						2	1	0	−1	−2
1					4	3	2	1	0	−1
2				5	4	3	2	1	0
3			8	6	5	4	3	2	1
4				8~9	7~8	6	5	4	3	2
5			12	9~10	8~9	7~8	6	5	4	3
6			12~13	10~11	9~10	8~9	7~8	6	5	4
7			13~14	11~12	10~11	9~10	8~9	7~8	6	5
8		15	14~15	12~13	11~12	10~11	9~10	8~9	7~8	6

续表

项目数	合计分数									
	A	A−	B	B−	C	C−	D	D−	E	E−
9	19⁺	16	15~16	13~14	12~13	11~12	10~11	9~10	8~9	7
10	20⁺	18	18	14~15	13~14	12~13	11~12	10~11	9~10	8

注：A~E表示核定等级。

③ 最终确立工作绩效评价体系。该体系中每一个工作绩效要素都将会有一组关键性事件（通常6~7个关键性事件），每组关键性事件称为一个"行为锚"。

这种方法的优点是，基于事实进行分析，通过对典型行为的收集和锚定，对工作绩效有一个全面的认识，便于被考核者接受考核结果，提高反馈的积极性。缺点是与关键事件法类似，时间成本较高，难度较大，量表的建立专业性强，适用范围较窄；在考核时易受近因效应的干扰。

（3）行为观察评价法

在关键性事件基础上，对员工在整个考核期内的每种行为发生频率进行评价的方法为行为观察评价法。

具体做法是先确定需要衡量的绩效维度；将每个维度分成若干个具体的工作行为，并设定对应等级。考核者在进行考核时将员工的行为与每个等级标准进行比较，得出该员工在每个行为上的得分和在维度上的总得分。

这种方法的优点是能够区分高绩效和低绩效行为；保持客观性；能够提供反馈信息；便于满足培训需要。缺点是所需的信息量较大，往往会超出人的记忆最高限，尤其是被考核的员工较多时，不宜采用这种方法。

（4）行为对照表法

这种方法又称普洛夫斯特法，是由美国人普洛夫斯特设立的一种方法，因其创立而得名。基本思路是根据事实打分，然后根据得分评定等级。具体步骤如下。

第一步，制作"对照评价表"，如表5-4所列，然后根据被考核者的工作事实进行逐项核定。

▼表5-4 普洛夫斯特法对照评价表

1次评估	2次评估	3次评估	评估结果	1次评估	2次评估	3次评估	评估结果
□	□	□		□	□	□	
□	□	□		□	□	□	

续表

1次评估	2次评估	3次评估	评估结果	1次评估	2次评估	3次评估	评估结果
□	□	□		□	□	□	
□	□	□		□	□	□	
□	□	□		□	□	□	
□	□	□		□	□	□	
□	□	□		□	□	□	
□	□	□		□	□	□	
□	□	□		□	□	□	

第二步，在上表中相应的"□"中打"√"。假如某一项与被考核者情况不符，就空过去，不影响考核结果。

第三步，对照"计分表"计算分值，如表5-5所列。

▼表5-5　普洛夫斯特法计分表

分数	考核行为	分数	考核行为
-2		1	
-1/2		-1	
1		-1	
-1		-1	
-1/2		-1	
-1		-1	
-1		0	
-1		-1/2	

第四步，根据"换算表"换算评价等级。评价等级共为10等，即A，B+，B，C+，C，C-，D+，D-，E+，E-。评价等级的确定方法如下。

比如，核定"+"项目数为3，"+"值为4分，"-"值为10分，"+""-"相抵总分为-6分，根据"普洛夫斯特评价法计分示例表"第4行第2列栏目，可找到"-10~（-5）"栏所对应的"评价等级"为E+，E+就是被考核者的评价等级，如表5-6所列。

▼ 表5-6 普洛夫斯特评价法计分示例表

核定+项目数	评价等级									
	E-	E+	D-	D+	C-	C	C+	B	B+	A
0	-12以下	-11~(-7)	-6~(-3)	-2~(-1)	0					
1	-12以下	-11~(-6)	-5~(-3)	-2~0	1~2	3				
2	-11以下	-10~(-6)	-7~(-2)	-1~1	2~3	4				
3	-11以下	-10~(-5)	-4~(-1)	0~2	3~4	5				
4	-10以下	-9~(-4)	-3~(-1)	0~2	3~4	5~7	8			
5	-9以下	-8~(-4)	-7~0	1~3	4~5	6~7	8~10			
6	-9以下	-8~(-3)	-2~0	1~3	4~5	6~8	9~11	12		
7	-8以下	-7~(-3)	-2~1	2~4	5~6	7~9	10~11	12~14		
8	-8以下	-7~(-2)	-1~2	3~5	6~7	8~9	10~12	13~14	15	
9	-7以下	-6~(-1)	0~2	3~5	6~7	8~10	11~12	13~15	16	17以上
10	-6以下	-5~(-1)	0~3	4~6	7~8	9~10	11~13	14~15	16~17	18以上

普洛夫斯特法的优点如下。

① 评价方法简单，只需对项目和事实进行一一核实，并且可以回避考核者不清楚的情况。

② 不容易发生晕轮效应等考核者误差。

③ 可以进行员工之间的横向比较，较好地为发放奖金提供依据。

④ 评价标准与工作内容高度相关，评价误差小，有利于进行行为引导。

⑤ 执行成本很小。

普洛夫斯特法的缺点如下。

① 评价因素/项目所列举的都是员工日常工作中的具体行为。无论如何，这种列举不可能涵盖工作中的所有行为。

② 设计难度大，成本高。

③ 由于考核者无法对最终结果做出预测，因而可能降低考核者的评价意愿。

④ 能够发现一般性问题，但无法对今后员工工作绩效的改进提供具体明确的指导，故不是特别适合用来对员工提供建议、反馈、指导。

行为对照表法是围绕员工的工作行为来判定绩效好坏的一种考核方法，关键在于确定员工的行为与绩效的关联，行为的难度与绩效的大小要保持高度一致。

因此，这种方法难度较大，不适合对较复杂的工作进行考核。

5.2.2 特性考核法：建立分组模型，划分等级

特性考核法，是指在分析员工所表现出来的某些特征的基础上，以表现最为明显的那个特性作为考核对象的一种方法。比如，对企业的贡献度、对企业的忠诚度等特质，考核时都会给一定的分值，5分或10分，然后辅以"普通""中等""符合标准"等描绘性的词语，最后得出结果。

特性考核法可分为两种，即评级量表法和等级择一法。

（1）评级量表法

评级量表法，是把被考核者的绩效分成若干个考核项目，每个考核项目设一个量表，由考核者根据一定的标准进行考核。涉及的考核项目及评定标准如表5-7所列。

▼表5-7 评级量表法考核项目及评定标准

考核内容	考核项目	考核衡量标准	评定等级及分值
基本知识	知识面	具备职责范围所要求的基础知识和业务知识	A B C D 10 8 6 4
业务能力	理解力	充分理解上级的指示和圆满完成本职工作的任务	A B C D 10 8 6 4
	判断力	充分理解上级的意图，正确把握，并能随机应变，恰当处理突发情况	A B C D 10 8 6 4
	表达力	具备现任职务所要求的表达能力，包括口头表达和语言表达	A B C D 10 8 6 4
	交涉力	能够与企业内外部人员自如交涉，具备使双方愉快合作并达成协议的能力	A B C D 10 8 6 4
	纪律性	严格遵守企业的各项制度，按时上下班、进行工作汇报等	A B C D 10 8 6 4
	协作性	充分考虑他人的处境，主动协作上级、下属做好工作	A B C D 10 8 6 4
	积极性	对于分配的任务能高效、高质量地完成，主动承担职责外的工作，敢于挑战困难，勇于创新	A B C D 10 8 6 4
评定标准	权重分配（100分为准）		合计分数
A理想状态	A	80分以上	
B达到要求	B	70～80分	

续表

考核内容	考核项目	考核衡量标准	评定等级及分值
C基本达到要求，略有不足	C	60~70分	
D无法达到要求	D	60分以下	
评语			
考核人签字			

评级量表法是一种量化考核，可将影响被考核者绩效的每一个因素反映出来，可谓是一种非常全面的考核方法，常常作为员工加薪、晋升的主要依据。

（2）等级择一法

等级择一法，是通过对考核项目赋予一定的评级，然后进行划分，根据划分的标准对被考核者做出评价。比如，在评价某项考核项目时，可根据需要划分为若干个等级，A、B、C、D、E等，而且每个等级都要事先确定明确的标准。详见如下。

对工作成绩的等级划分如下。

A——工作非常出色，从未出现任何差错；

B——工作成绩优秀，几乎没有出现差错；

C——工作达到标准，略有差错；

D——工作较差，差错比较多；

E——工作成绩特别差，经常出错。

对工作态度的等级划分如下。

A——工作热情高，责任心强；

B——工作热情比较高，责任心比较强；

C——有一定的工作热情，责任心还可以，但达不到认真负责的标准；

D——有工作热情，有时表现得不负责任；

E——缺乏工作热情，凡事不负责任。

这种方法与评级量表法有异曲同工之妙，不同的是在表示方法上有所差异。没有进行评分，取而代之的是采用一些富有等级含义的描述。

特性考核法的缺点是，完全靠考核者的主观判断和心理感觉去评估，主观意识比较强，很多时候有模糊不清或者没有确切定义的地方，因此无法有效地给予行为引导，无法给被考核者具体的反馈。

5.2.3 比较考核法：两两比较，局部比较

比较考核法，是通过对被考核员工绩效的比较而得出绩效结果的一种方法。这种方法得出的是相对绩效，并不是绝对绩效，是该被考核员工在企业或部门中的相对位次，目的在于找出企业或部门中最好与最差的员工，而无法精确评价被考核者的实际绩效与贡献。这种考核法多应用于员工奖惩、晋升等方面。

比较考核法根据比较的形式又可分为3种，如图5-5所示。

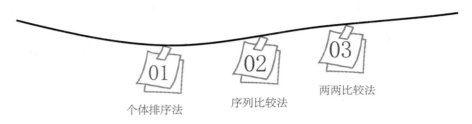

▲图5-5 比较考核法的3种形式

（1）个体排序法

个体排序法，是指将被考核员工的绩效，按照从优到劣的顺序进行排序。对被考核者的绩效进行排序的方式具体有两种，分别为简单排序法、交替排序法。

① 简单排序法。这是按照被考核者的绩效高低，或其他标准（工作职责、工作权限、岗位资格、工作条件、工作环境等）从高到低地直接排列出来的一种方法，如"1、2、3、4……"。这种方法操作简单，但由于随意性较大，运用范围比较小。通常仅适合考核的初级阶段，或考核量特别大、考核人数特别多的情况。

该方法也应用在工作评价上，由负责工作评价的人员，根据其对企业各项工作的经验认识和主观判断，对各项工作在企业中的相对价值进行整体的比较，并加以排序。如果考核的要素较多，一般还需综合考虑各项因素，权衡各项工作在各项因素上的轻重程度。

② 交替排序法。先列出需要考核的员工，从中挑选出绩效最优者和最差者，最优者排第一，最差者排最后；然后再从剩下的人员中挑选出最优者和最差者，分列为第二和倒数第二，按照此操作反复进行，直到全部排完，最后可得到完整的排序。

举个例子：某部门总共8人，从名单中找出最好和最差的员工A和E，分别记作1和8，接着从剩下的人中再找出相对较好或较差者，以此类推，最后剩下4和5。具体如表5-8所列。

▼ 表5-8　交替排序考核法示意表

部门： 员工人数：8			
姓名代码	序号	姓名代码	序号
A	1	E	8
B	2	G	7
C	3	H	6
D	4	F	5

（2）序列比较法

序列比较法是指在考核之前，先要确定考评模块，可以不规定所要达到的具体标准。然后将所有被考核人员放在同一考核模块中进行比较，根据他们的实际状况排列顺序，表现较好的排在前，较差的排在后。最后，将所考核的几个模块排序数字相加，得出被考核人员的考核结果。总数越小，绩效考核结果越好。

比如，对甲、乙、丙、丁4位被考核者的沟通协调能力、人际关系处理能力、工作积极性3个项目进行考核。接下来需要先确定每个考核项目考核模板，然后根据实际情况进行排名，假如甲3项都排在第一，得分为3；乙两项排第一，一项排第二，得分为4；最后通过对比可以得出，甲比乙的考核结果要好。丙、丁也可以参考这样的方式进行考核。序列比较法模板如表5-9所列。

▼ 表5-9　序列比较法模板示例

姓名		部门		日期			
考核项目	模板描述	评分标准					
		甲		乙	丙	丁	
		排序	排序	排序	排序		
沟通协调能力							
人际关系处理能力							
工作积极性							
得分	三项排名得分相加						

序列比较法操作简单，可为考核提供直观的结果，缺点是只适用于相同职位的考核，超越这个范围则无意义，考核的实用性较差，无法完全反映被考核者的绩效。

（3）两两比较法

两两比较法与序列比较法差不多，也是对相同职务员工进行考核的一种方法。但它是对员工进行两两比较，任何两位员工都要进行一次比较。

具体是将每位被考核者与群体其他成员分别进行一对一比较。例如，甲与乙相比，甲好，乙次之，那么甲就记作"＋"，乙记作"－"；甲与丙比，甲好，甲记作"＋"，丙记作"－"。当把所有的被考核者进行两两比较之后，计算每位被考核者得"＋"的数量，按照"＋"的多少进行排序，"＋"的数量越多越优秀。具体方法如表5-10所列。

▼表5-10　两两比较考核法示意表

被考核者	A	B	C	D	＋的个数
A		－	＋	＋	2
B	＋		＋	－	2
C	－	－		＋	1
D	－	＋			1

这种方法最大的优点是考核比较彻底，结果比较客观，更接近考核者的实际绩效；缺点就是操作起来较复杂，耗费时间较长，因此比较适合考核人数较少、规模较小的企业或部门。

5.2.4　360度考核法：对中层考核的重要方法

360度考核法是一种最常见的绩效考核方法，其特点是评价维度多元，通常有4或4个以上考核维度。因此，该方法又叫全方位考核法，具体解释如图5-6所示。

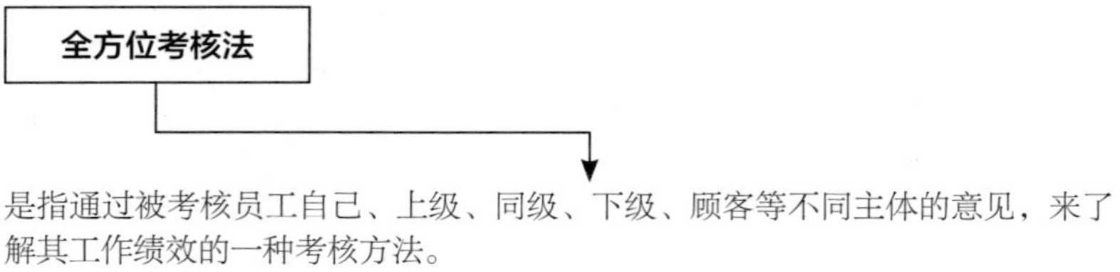

```
全方位考核法
    ↓
是指通过被考核员工自己、上级、同级、下级、顾客等不同主体的意见，来了解其工作绩效的一种考核方法。
```

▲图5-6　全方位考核法的概念

这种方法通常适用于对中层及中层以上人员的考核。因为只有身为企业中层，才有更多与之相关的评价者，既有上级又有下级，既有同级又有顾客，以更好地实现全方位考核。因此，考核者在对中层人员进行考核时，如果想知道他人对被考核对象是怎么评价的，与自己的评价是否一致，最好的方法就是使用360度考核法。

（1）360度考核法组成

考核的组成360度考核法具体由5部分组成，具体如图5-7所示。

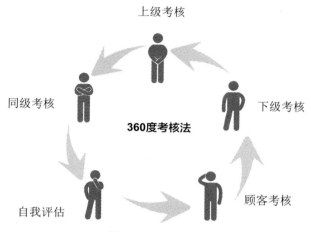

▲图5-7　360度考核法

1）上级考核

上级，是指被考核员工的直接上级、主管或部门经理。在整个信息体系中，来自上级的评估信息往往是最不可缺少的，因为对于下属的表现，直接上级比任何人都更了解，最具有发言权。因此，从被考核者的上级那儿获取信息无疑是最可靠、最值得信赖的。

这种考核方式的弊端在于：由于上下级之间是隶属关系，在沟通时往往不彻底。面谈时，如果下属的心理负担较重，会导致上级的评估失真，如果上级对下属有偏见，更无法保证考核的公平、公正性。

2）同级考核

同级往往是与被考核者朝夕相处的人，观察得最深入、了解得最透彻，也是最熟悉被考核者的工作状况的人。因此，同级考核的优势是不言而喻的，其最大优点在于能够全面、真实地提供信息。

不可否认，这种考核也有其固有的弊端，即正因为同级之间易于沟通、了解较深，致使同级之间往往产生利益冲突，从而导致主观上不愿意与自己平起平坐的人获得更高的评价，存在故意打压的嫌疑。

3）下级考核

下级考核是针对高层或中层领导而言的。其运用得不多，即使在欧美等企业中其运用亦是最近10年来的事情。尽管是新生事物，但这对企业民主作风的培养、企业凝聚力的提高起着重要作用。在美国，AT＆T、通用电气、杜邦等大型公司纷纷引入了下级考核体系，取得了良好效果。

下级考核的优点，主要在于能够帮助上级发现问题，促使上级完善领导才能。同时，还可以起到权力制衡的目的，下级考核相当于一种监督，使上级在工作中受到有效监控，不至于产生独裁倾向。

目前，由于这种方式尚未发展完善，也存在不少弊端。比如，上级并不真正重视下级的意见，即使承诺改错，也只是口头说说而已，并不会真正付诸行动；下级对上级的工作，不可能有全盘的了解，为了避免遭受报复，下级故意夸大上级的优点，隐匿不满等。

4）顾客考核

顾客考核是一个重要的信息来源。由于客户是外部人员，与被考核者没有直接的利益关系，因此很少受利益的左右，因此，考核会更加真实、公正。但由于这是一种比较难控制的方式，缺点也很明显，主要表现在以下两点。

① 没有统一标准。由于每位被考核者接触的客户是不同的，不同客户的评估又有所不同，因此，很难有统一的标准。

② 难以控制，效率低下。由于客户不属于企业内部人员，因此很难用企业的行政命令、制度进行约束，或者限时完成评估。

5）自我评估

这是自我意识的一种形式，是被考核者对自己的思想、愿望、行为和个性特点进行判断和评价。俗话说，自己是最了解自己的人，同时也是最不了解自己的人，因此这种方式是非常有争议的，一切都需要建立在被考核者对自己有正确而客观认识的基础上。

因此，自我评估的优缺点都很明显。

自我评估的优点是增强自我参与意识，更有利于自我改善，自我提高。同时，由于与其他人没有任何利益瓜葛，这也是最容易体现真性情的方式，由此得到的信息往往是最客观、最真实的。

自我评估的缺点在于，如果对自己没有一个客观、正确的认识，评估往往会倾向于高估自己，与上级或同事评估产生较大差异。

（2）考核具体方法

具体方法为：

1）选择与被考核员工有联系的评估者

在选择与被考核员工有联系的评估者时，通常需要注意以下3点。

第一，每组至少选择3人，最高不限，如果某类评估者（如下级）少于3人，最好将其归入其他类，不得单独以下级评估的方式呈现评估结果。

第二，需要对被选择的评估者进行适当的训练和指导，以让他们明确如何提供反馈和评估。

第三，除上级评估外，其他几种类型的评估最好是采取匿名的方式，必须严格维护填表人的匿名权以及对评估结果报告的保密性。

大量研究表明，在匿名评估的方式下，人们往往愿意提供更为真实的信息。

以上3点关键信息如表5-11所列。

▼表5-11 关键评估信息

评估者	上级	同级	下级	顾客
评估方式	公开	匿名	匿名	匿名
评估人数	至少3人，少于3人不再单独分组			
评估方法	讲座、问卷测试、个别辅导			

2）确定考核的内容

考核内容主要包括跟企业价值观、工作有关的各项内容，当然也需要根据考核目标有所侧重。例如，考核目标是了解领导人员的训练需求，就必须先制订出一位优秀的领导人所必须具备的职能需求，有可能是分析能力、沟通能力、发展部属才能等，或是个人影响力、创新能力等。每家公司所要求的领导能力不同，因此这一步骤大多是根据公司的个别状况量身定做。

一旦职能确定后，再根据每项职能定出主要行为。例如，就分析能力这项职能来说，其主要行为就是能辨别事件的因果关系、收集不同的资料了解问题、归纳不同的资料、做出逻辑清晰的结论等。

3）实施360度反馈评价

给予回馈是一门很重要的技术与艺术。该让什么人知道考核的结果，与当事人讨论结果时如何处理其情绪，如何达成共识，如何拟订行动计划等，这些都需要讲究技巧；如果处理不当，或是后续动作不了了之，都会使参与者对此考评系统产生怀疑。

为此，在这个阶段需要对具体实测过程加强监控和质量管理。例如，从问卷的开封、发放、宣读指导语到疑问解答、收卷和加封保密的过程，实施标准化管理。如果实施过程未能做好，则整个结果是无效的。

4）针对反馈问题制订计划

针对反馈的问题，企业考核部门应制订详细的行动计划。行动计划可由企业考核部门制订，也可以寻求第三方咨询公司协助。第三方咨询公司的数据处理和结果报告更为客观，并能提供通用的解决方案和发展计划指南。不过，在与第三方咨询公司合作时，企业的人力资源管理部门应当尽可能在考核实施中起主导作用，因为企业的发展战略与关键管理者的工作息息相关，涉及的很多企业策略只有自己是最清楚的。

这种方法的优点在于打破了传统的自上而下的考核制度，能够比较全面、客观地做出评估，易于得出公正的评价结果。例如，以往考核者在考核时可能受光环效应、居中趋势、偏紧或偏松、个人偏见以及考核盲点等外在因素的影响，有了更多评估者的参与，这种现象可大大避免。同时，通过多维度的反馈可以促进被考核者提升自身能力，有利于团队沟通和凝聚力的建设。

这种方法的缺点在于，由于不同维度的评估来自各方面，工作量比较大，考核成本高、难度大，同时也使得私人情感等干扰因素被放大，如某些被考核人员不正视上司及同事的批评与建议，反而将工作上的问题上升为发泄私愤的借口，影响评价的公正性。

5.3 对人的考核

人一辈子就是做人和做事，实际上绩效考核也主要是从这两个层面去考核的。通过看一个人做人、做事的表现，来判断其绩效。因此，考核就可以大致分为两个层面，一个是对人的考核，另一个是对事的考核。对人的考核就是对人的能力（包括具备度、发挥度、潜质度）和人的态度进行的考核；对事的考核则是对人所从事的工作本身（包括行为过程和结果）进行的考核。

5.3.1 能力＋态度

人，是企业最大的一笔财富，是企业可持续发展不可缺少的资源。因此，分析人、研究人、挖掘人的潜力，对于企业的发展是非常有帮助的。那么，该如何考核一个人呢？就是看他所具备的能力和做事的态度。

（1）能力方面

能力的含义比较丰富，包括各种知识、各种技能、对某个岗位的适应性，以及未来在该岗位上的发展潜力。因此，对能力的考核比较复杂，需要从多个维度综合入手。一般来讲，对员工能力的考核具体可分为3个维度，如图5-8所示。

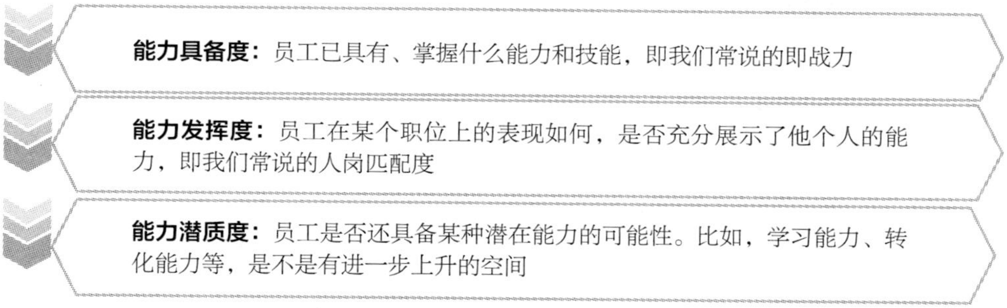

能力具备度： 员工已具有、掌握什么能力和技能，即我们常说的即战力

能力发挥度： 员工在某个职位上的表现如何，是否充分展示了他个人的能力，即我们常说的人岗匹配度

能力潜质度： 员工是否还具备某种潜在能力的可能性。比如，学习能力、转化能力等，是不是有进一步上升的空间

▲图5-8 对员工能力考核的3个维度

（2）态度方面

一个人在能力上可以胜任某项工作，并不代表他就一定能做好这项工作，因为，影响工作成效的既有能力，又有态度。态度，对一个人能力的发挥有着重要的制约作用，良好、端正的工作态度会极大地解放一个人的能力，反之，则会制约一个人的能力。

对某个员工的认可程度可反映在其工作积极性方面，如他是否很投入、是否有一定的敬业精神、是否有一定的职业道德、是否丧失了职业道德为达到目的而不择手段。因此，对员工态度的考核不可忽略。

传统上，很多企业只片面地针对"能力"进行考核，很多管理者也一致认为前三度（具备度、发挥度、潜质度）足以反映一个人的未来表现。但在大量的实践中发现，有的人能力很强，但是态度很差，职业伦理丧失，于是就增加了"态度"这一考核维度。

例如，某个员工一年的销售指标是100万元，他一个月就完成了。那么，剩下的11个月他完全有能力做更大的突破，但是他不干了，因为他觉得一旦干得超过指标的话，明年的销售指标就上去了。于是，他游手好闲，东游西逛，领导批评他，他却态度极其恶劣。他认为，自己已经把任务完成了，其他什么事情都不用做了。所以，后来企业对员工的考核增加了一个指标，就是"态度"。

● 5.3.2 人岗匹配

很多管理者一直在研究"甲到底是什么样的人""到底适合什么样的职

位""在某个岗位上能不能做好"。如果总是被这些问题困扰，说明这个管理者是基本合格的，但他忽略了一个重要的问题：人岗匹配。所谓的"某个人是什么样的人""某个职位到底是什么样的职位"，割裂地讲是没有任何意义的，只有"人"和"岗位"高度匹配，一个人的能力才有可能得到充分施展，这项工作才有可能向做好的方向发展。

例如，某个人希望成为人力资源方面的专业人才，但是领导希望这个人成为营销方面的专业人才，以培养他当区域经理。他的愿望是担任人力资源部经理，但实际工作却是营销方面。那么，这就形成了个人志向、实际工作以及上级意图的"分裂"，这种状况对员工个人来说是非常痛苦的，有时候就会导致员工离职。

假如某人能够将其"合三为一"，那将是很幸运的一件事，因为可以结合组织意愿、个人意愿、当前工作于一体，将某项工作做好的概率将会大大增加。

因此，作为领导应该更多地考虑人岗匹配度问题，换言之，就是看某个员工的能力和某个职位所需要的能力能不能形成交集，有多少成分形成交集。这就提出了"什么样的人能够胜任这个职位"的问题，其实这个问题较之"某个人具备什么样的能力"或许更加重要，即需要非常清晰地了解职位所需要的是什么样的人，然后按图索骥，寻找到符合这个职位要求的人。

例如，专业的人力资源管理工作者需要有敏锐的头脑、各种组织能力，还要有学习能力研究各类法律法规，最主要的还要有劳资关系的协调处理能力。处理不同人的问题必须学会变通，学会跟别人沟通，讲得别人心悦诚服。另外，还要具有从业所必需的优秀品质，如正直，让别人相信你做事情比较公正，实事求是，能够客观处理问题，等等。

在对职位进行客观分析的基础上，去寻找适合它的人，如专业技能、组织能力、沟通能力……交集越多，对方越有可能更适合该工作。同时，作为领导也要充分考虑该员工从事这项工作的动机和意愿。

一个人从事某项工作，可能有以下3个动机。

第一，兴趣。兴趣可以促使某人成为某方面的专业人才，这是兴趣作为一种动力所推进的，尤其是需要特殊才能的工作，更是由兴趣的因素造就的，如很多工程师、科学家等。

第二，企业需要。由于企业需要而培养某位员工成为某方面的人才。比如，很多领导岗位的人才原本只是具备一定的素质，由于组织培养而出现了这样的结果。

第三，环境造就。由于生存压力而产生的某种工作的需要。大部分人工作不是出于兴趣，而是迫不得已，因此这类人员是真正需要加以考核的，用考核引导他们、激励他们完成绩效。

总之，人岗匹配是个很复杂的问题，可以多维度地评判，关键是从哪个视角入手。因此，将不同的人摆放在不同的职位最好能够事先确定，如果要通过绩效考核进行事后判断，那损失可能就比较大，机会成本也更高。要对人的能力具备度以及对这个职位的能力要求进行审查，这两者之间的匹配成为达成绩效最重要的前提工作。

5.4 对事的考核

在绩效考核中，除了要对"人"进行考核外，另一个重要的考核对象就是"事"。对事情本身的考核是绩效考核中最重要的考核部分，权重往往比对"人"的考核更大。究其原因，"事"代表事实，是摆放在那里的最终结果，具有客观性，而绩效考核是以结果为导向的，不能忽略和抹杀任何一个事实。

例如，企业招聘一个人，前提是此人能够胜任某个职位，但能否胜任，不能只对该人进行考核，还要对应聘的岗位、工作内容进行分析。而岗位分析、工作内容分析则是对"事"进行考核的主要组成部分。

但以往有些企业招聘新人时，可能忽略了对岗位和工作的分析，只是靠直接上岗试用之后再来判断此人能否胜任。很多时候已经为时已晚，因为有些人可能过了很长时间才被发现不能胜任该工作，可此时早就已经埋下隐患或者闯下大祸，代价太大。

其实，这又涉及人岗匹配问题，人岗匹配是"人"与"事"的最佳结合。很多管理者经常会说 "把最合适的人放在最适合他的岗位上"，理论上，这是很难做到的。因为人和岗位进行匹配时可能会出现多种情形，而要达到"把最合适的人放在最适合他的岗位上"的概率很小。

我们可以先做个简单的分析。"人"有"重要"和"不重要"之分，"职位"也有"重要"和"不重要"之分，两两自由匹配就出现了4种情形，如图5-9所示。

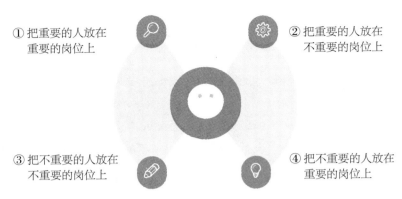

▲图5-9 两两自由匹配的4种情形

通过上述分析，可以发现第一种"把重要的人放在重要的岗位上"的匹配是最佳配置，第二种、第三种配置都是不正确的，第四种则是要坚决杜绝的。其中，最令人关心的一种配置在上述的配置过程中，配置正确的可能性只有1/4。

也就是说，一个人对应一个职位，配置成功的概率为1/4，假如现在有3个候选人都来应聘某一个职位，每人对应该职位是1/4的成功率，3个人中选一个的话，成功配置的概率等于1/3乘上1/4，就成了1/12。因此可以说，3个候选人来应征某个职位，该职位配置成功，也即找到合适的人的可能性为1/12。那么可以得出结论：企业很多时候在用人时，用错人是永恒的，而用对人则带有偶然性。

事实上，在实际匹配过程中更为复杂，"人"不是"重要"和"不重要"那么简单，"事"更不是。因此，如果企业真想做到精准地把合适的人放在适合的岗位上，那么必须做好对"事"的考核。

通过各种测评手段对"人"进行考核，充其量只能够降低失败的风险，但无法保证用对人，而对事情进行考核则是唯一的保证。因此，现在越来越多的企业开始思考如何做好岗位分析、工作分析。采用什么指标、方法对"事"进行考核，也一直是每家企业非常关心的问题。

如今，企业对"事"的考核已经非常完善、科学，主张"注重过程，以结果为导向"的双重考核，精细化运营，也已经拥有了非常成熟的考核技术和工具，具体内容在本书后面的章节逐步展开。

第 6 章

设计绩效考核表，提高考核效率

绩效考核表是对员工的工作业绩、工作能力、工作态度以及个人品德等进行评价和统计的表格，考核人员经常用其判断员工与岗位的要求是否相称。

6.1 考核表的作用

大家似乎都习惯于考核的时候拿到一张或者几张表格，考核表已成为绩效考核的一种象征。在各种考核过程中，考核表的设计非常重要。那么，考核表到底有哪些用途呢？接下来，我们先来看一个案例。

案例 1

某公司决定自2019年1月起，奖金和考核挂钩，即每月奖金的发放要依据当月的考核结果实施，也就是说每月要对员工进行一次考核，只有考核结果汇总后奖金才能发放。

然而，这一政策刚实施就遇到了麻烦，问题出在1月份的奖金包括月奖金和年终奖，需要被考核的人多，考核的项目也非常多。因此，临近月底考核工作还没有完成，据人力资源部透露，被考核者的信息汇总都没有完全完成，这意味着1月份的奖金无法如期发放。于是，公司宣布1月份奖金要等到2月中旬才要发放，按照我国的传统，2月份一般会有春节假期，年底人力资源部都很忙，这一忙又将考核的事情耽搁下来，这样，奖金的发放一拖再拖，2月中旬也无法如期发放。

对此，员工们非常有意见。总经理质问人力资源部相关人员，工作效率为何如此低下？相关人员也是一肚子委屈，因为已经加班加点，开足马力工作，但由于工作量大仍不能够如期完成。

最后，总经理不得已聘请了一位绩效考核专家进行咨询？专家一针见血指出了问题所在：没有事先做好考核表。专家告诉总经理，考核最首要的问题就是知道考核什么，高效而准确地获取被考核者的各种信息。在被考核者信息的获取上最简单有效的方式就是考核表。在考核之前，一定要制订完善科学的考核表，并让被考核者及时、如实填写。总经理听后茅塞顿开，立即要求人力资源部深入展开调查，制订出一份符合企业需求和员工需求的考核表。

考核表的作用就是收集被考核者的考核信息，因为任何一个考核结果，都需要建立在对大量考核信息总结分析的基础上。一般来说，在进行绩效考核时，被考核者本人或相关人员都需要填写多种考核表，然后，考核者依据被考核者填写的考核表进行分析和评估，具体流程如图6-1所示。

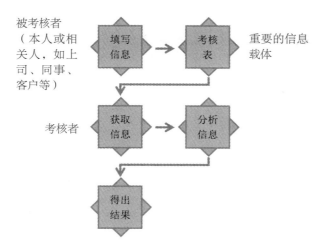

▲图6-1 考核表考核的作用具体流程

考核表的具体作用有4个，分别如下。

（1）是人员调配和职务升降的依据

企业员工职位、职务的变动通常是根据考核表进行的。因为考核表的数据是科学的、客观的，通过绩效表信息可以看出被考核员工是否符合某职位对其素质和能力的要求，或者可以察觉到某人素质和能力的变化，以致其在不能适应职位发展要求时，及时予以调整和改变。

（2）是薪酬、奖金发放的主要依据

考核表最直接的作用就是用来证明被考核员工的业绩大小，工作完成质量。这就为企业制订薪酬政策、福利制度，以及奖金的发放等提供了重要参考。

（3）是人员培训的依据

员工培训是人力资源开发和管理的一个最关键的环节，而且根据当今企业发展的趋势表明，企业正向学习型组织转变，员工培训逐渐成为企业发展的核心所在。通过人员绩效考核表可以了解员工的优势和劣势，进而确定企业培训的方向。

（4）是员工是否正式被录用的依据

在试用期，考核表还有一个作用就是可以作为企业衡量一个员工是否被录用的重要依据。绩效考核表所提供的信息是企业判断员工是否符合任用标准，能否胜任现在工作的重要依据。

6.2 考核表的组成部分

考核表的组成部分，即考核表含有哪些信息。一般来讲，一份完整的绩效考核表包括7大部分。具体如表6-1所列。

▼表6-1 考核表的组成部分

组成部分	具体内容
第一部分	被考核者的基本信息。内容包括姓名、在哪个部门工作、担任什么职务等基本情况
第二部分	工作的职责目标和标准。内容应当分别按照原先的职位说明书逐项表述得非常清楚，考核时一一对应
第三部分	胜任能力要求及其行为指标。被考核者必须具备的胜任能力，哪些举止是可以接受的，哪些是禁止的等这一类的行为指标内容
第四部分	个人的成果和贡献。分别通过事情的"过程"和"结果"来反映被考核者的最终成果
第五部分	个人的创新。如某员工是搞研发的，其有没有个人开发的成果，有没有合理化建议，有没有小发明、小革新等
第六部分	其他相关人的评估。如上司、同事、下属、客户（针对某些特殊的考核方式，如360度考核等）对被考核者的评估
第七部分	被考核者的建议和意见。被考核者在被考核完了以后可以提一些建议和意见，可以书面反映企业在哪些方面有待于进一步改进等内容

上述七大项内容可以增删，也不是每次考核必定要具备这七大项。上述仅仅是建议，企业可以根据自身的特点进一步完善。

6.3 被考核信息的权重设置

绩效考核表的信息主要来自被考核者本人、上司、同事、下属及其客户。那么，如何尽可能地保证这些信息的真实性呢？这就需要对不同人的发言权进行权重设置，比较重要的，参考价值比较大的，权重设置要大些；反之要小些。

参考价值较大的原则上是被考核者本人，因为自己对自己才是最了解的。然而，很多时候事实并非如此，由于受到利益、主观情感的影响，一个人往往很难客观地评价自己。在这种情况下，只能从"相关人"入手。相关人如下：

（1）直接上司

直接上司的意见是最重要的，最有参考价值的。直接上司对员工的情况反映是直接的,往往也比较客观。

(2) 上司的上司、客户等

客户绝对不会说谎,他们只会说自己认知到的、感受到的。因此,如果被考核者有客户,最好重点参考这部分人的意见。

(3) 被考核者本人

在保证公平、公正的前提下,考核者要让被考核者本人有充分表述自己想法的权利,有充分展示自己绩效的权利。

(4) 同事

被考核者的同事对被考核者本人的表现也可能认识比较充分,因为同事之间经常打交道,对其情况比较清楚。

鉴于此,在发言权权重设置上一般按照以下结构安排:直接上司评价的分数值定得最高;上司的上司、客户的意见是次重要的,所以把它放在仅次于直接上司的意见之后;最后是被考核者本人和同事,如图6-2所示。

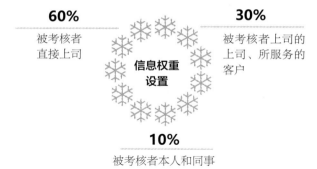

▲图6-2 被考核信息权重设置的比例

考核表的三大层次具体如下。

第一层次:直接上司评定。直接上司的意见所占的权重最大,一般占到60%。这既是因为直接上司对下属最为了解,也是为了保证上司的绝对权威性。美国行政管理学会在1937年就制订了一整套非常规范的管理文件。其中,有一条就是任何一个下属只有一个汇报对象,换句话说就是一个下属只能向自己的直接上司汇报工作。

第二层次:上司的上司评定。这是让二级上司来参与评定下属,通常为公司领导层,权重一般在30%左右。这是为了防止直接上司对下属故意刁难或者为了拉帮结派、结党营私、排除异己,给那些提意见的下属打击报复。例如,德国某家企业有一个非常好的上级考评体系，高层领导一旦发现直接上司给自己的下属连续两次不合格的评定，就会对该上司进行更为严格的审查考核，目的就是为了确保直接上司对下属考核的公正性。

第三层次：个人自评和同事评定。个人自评即自己评价自己，目的是为了让考核更符合实际，让考核行为落实在纸面上，证明考核的真实性。个人自评的权重较低，与同事的评定共同占10%，一般就在5%～7%左右，也就是说100分的考核成绩，自评部分大约占5～7分（注意自评完毕务必让被考核者亲自签名）。同事评定权重最小，但也必须重视起来，一般只针对被考核者比较熟悉的同事进行。

当这三个层次的考评全部完成之后，这样才算是完成了考核表信息的调查取证，所获得的信息才具有客观性、公正性。

6.4 涉及考核表的注意事项

第一，考核要防止几种倾向出现。一是通过考核拉帮结派；二是通过考核树立自身威信，达到恐吓其他被考核者的目的，逼被考核者就范。因此，要注意考核权力的分散，要注意平衡树立上司威信和过分权威。

第二，考核表的内容应当随着考核目的的变化而变化。假如这次考核的目的是发奖金，考核内容就要缩减。假如考核的目的是留用、晋升、淘汰员工，则考核内容就要丰富，甚至要进行全方位的考核。

第三，设计考核标准时要定义准确。例如，"好、较好、一般、差、极差"，这五个档次怎么来定义，用什么方法来解释，这都要求管理者有很高的素养和水准。

从"人"和"事"这两个维度的考核来看，权重也是不一样的。假如要提拔员工，就要加大对其能力方面的考核；假如仅仅是针对年终奖金的分配进行考核，那么主要集中在"事"的方面，其他可以少考核一点，比重也下降一点。

第四，考核表是由个人和同事、上司、上司的上司评定三部分组成，实际上已经构成三个小的考核体系，这样得到的一个总分值才是考核被考核者的最终结果。被考核者万一对考核结果持有异议，那么在考核的结果中，有个人和同事、上司、上司的上司的评定。从形式上来看，个人意见、上司意见和上司的上司的意见都能够得以反映。

因此，这样一张考核表引起争议的可能性就少一点，或许会对我们构建科学的绩效考核体系起到一点作用，或许也能为构建和谐的劳资关系做出一点贡献。

第 7 章

考核结果的直接运用：薪酬激励与奖罚

考核结果最直接的运用就是作为薪酬及其他奖励的制订和发放依据。企业绩效考核与薪酬激励的结合，是出于企业顶层设计的需要。为了确保绩效考核与薪酬激励的整体思想相吻合，需要管理层充分调研研讨，结合企业管理的实际需要，提炼出一套符合实际要求的管理思路和管理方法。

7.1 绩效考核与薪酬管理

在大多数企业中,薪酬管理是一个大难题,而薪酬管理依赖于绩效考核,在薪酬设置和规划当中,绩效考核结果充当着重要角色。科学、有效的绩效考核结果可使薪酬管理更规范、更合理、更符合实践。同时,也有利于员工发挥出更多的潜能,为企业创造更大的经济效益。

因此,制订绩效考核与薪酬管理制度,需要先根据绩效考核结果评估出员工绩效及其对企业的贡献度,而后再决定如何制订员工薪酬制度及政策。

案例1

美国GE公司是一家综合性的企业,集高科技、现代新媒体和金融服务为一体。该公司的管理是非常先进的,领先于全球,也是最先将绩效考核运用于薪酬体系中的企业。在与绩效未挂钩之前,该公司的薪酬制度非常混乱,员工之间由于薪酬差距太大而出现了两极分化:业绩好的飘飘然,虚荣心渐长;业绩差的怨声载道,丧失了工作积极性。

后来,该公司实行了绩效加薪制,即将员工的业绩分为S、A、B、C、D五个档次,并对每个档次进行评分,从S到D依次降低。档次越高,薪酬越高;档次越低,薪酬越低。如表7-1所列。

▼表7-1 员工绩效分级与评分示意表

绩效分级	S	A	B	C	D
分值	90分以上	80~89分	70~79分	60~69分	60分以下

每到月末,HR经理会按照员工在这个月的实际绩效进行评估,发放基本工资和奖金,年终则按照一年的业绩进行评估和发放年终奖。

与此同时,为了避免员工薪酬再度出现两极分化,GE公司实行了绩效工资浮动制度,即绩效工资在整个薪酬构成中所占的比例,因员工的工作性质、实际绩效差异而不同。比如,管理人员的绩效工资占全月工资的30%,而普通员工则占20%;评级为S的占60%,A则为50%,B为45%,等等。

这样一来,就在企业中形成了"比绩效、比实干"的良好氛围,大大激发了员工的工作积极性和创造性。

从上述案例中我们可以看出,将绩效考核与薪酬的发放结合起来,可实现薪酬的公平和公正。就像GE公司，当将绩效考核与薪酬充分结合后，员工的薪酬更加合理、公平，优秀员工的业务能力、技能、经验本就高出一筹，再加上政策的倾斜，所得报酬会更丰厚，而业绩稍差的员工或新员工，由于浮动工资的弥补，也可以得到满意的薪酬。其实，绩效差的员工并不能说明他们就没有努力，甚至他们付出了比别人更多的努力，如果所得却比别人要少，就会消极怠工，直接影响到企业的利益。

绩效考核不单单看重最终的结果，更注重过程，薪酬要能真正体现出员工的付出。因此，对于HR经理来讲，建立一个公平合理的薪酬管理制度势在必行。那么，如何来建立呢？首先要建立完整的薪酬模式。

接下来，我们先来了解一下什么是薪酬模式。薪酬模式，是通过对工作的分析，撰写工作说明书，明确界定各种职位的职责范围，并利用各种评估方法，估算出每种职位对企业的贡献度，最终依据不同的级别来决定应给予每种职位的报酬。

常见的薪酬模式有4种，如图7-1所示。

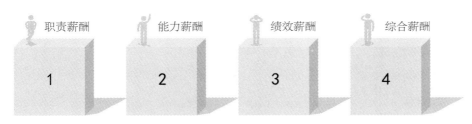

▲图7-1　常见的4种薪酬模式

（1）职责薪酬模式——根据工作职责付薪

这是基于岗位在薪酬中占绝对主体而支付薪酬的一种模式，所支付的薪酬需要根据职责的重要性、范围、难度而定。职责越重要，范围越大，难度越大，其薪酬也相应越高。

这种模式一般适合于管理岗位，其最大的优势在于充分体现了职责的价值，增强了员工为企业奉献的意愿；同时，灵活性也较大，易岗易薪，即如果员工岗位发生变化，薪酬也要随之改变。美中不足的是，由于其过于注重职位的高低，而忽视绩效对薪酬的影响，造成同工不同酬的现象。

（2）能力薪酬模式——根据员工的能力付薪

这种薪酬模式和能力完全关联，即强调能力的重要性，是基于能力大小在薪酬中占绝对主体而支付薪酬的一种模式，能力越高，薪酬就越丰厚。

这种薪酬模式强调能力的价值，适合销售员、会计师、律师等有一技之长的员工，能大大增强其施展自身能力的意愿；缺点是，由于能力和薪酬完全相关，而能力的提升往往比较慢，尤其是对绩效一向较好的员工效果不大，其激励作用受到大大抑制。

（3）绩效薪酬模式——根据绩效付薪

绩效薪酬模式，是基于整个绩效在薪酬结构中所占的比例较大而定。这种薪酬模式适合于大多数员工，尤其是一线操作员、技术类员工。

这种薪酬模式的优点是避免了平均分配，可实现多劳者多得、少劳者少得、不劳者不得；劣势是容易向员工传递一个不良的信息——薪酬是由绩效决定的，只要提高业绩就能获得高薪酬。因此，总有些员工投机取巧，不择手段来提高自己的业绩，从而损害了企业的整体利益和他人的利益。

（4）综合薪酬模式——将职责、能力和绩效三者结合付薪

这种模式是将以上三者相结合形成的一种付薪模式，即同时考虑职责、能力和绩效对薪酬的影响。这种模式的优势是真正实现了职责、能力、绩效与薪酬的结合，更公平，更公正；难点是执行起来难度较大，若一方面稍有不慎，就会影响到整个薪酬体系。

薪酬管理是绩效管理的主要组成部分，而有效的薪酬管理又离不开完善的绩效管理，两者是相互制约、相互促进的关系。因此，人力资源经理要两手抓，两手都要硬，让薪酬管理与绩效管理真正地实现完美结合。

7.2 制订薪酬的4种方法

制订薪酬通常可采取以下4种方法。

（1）岗位等级法

岗位等级法，是根据岗位高低、大小、重要性而决定薪酬的一种方法，通常适用于中小企业。比如，某企业将岗位等级分为4个层次，那么，相应的薪酬也就有4个档次，如表7-2所列。

这种方法的优点是简单易行，只要将所有岗位划分为几个等级即可。缺点是容易出现"一刀切"的现象，无法很好地激励员工。因此，岗位等级法很少单独使用，最好将其与奖金制、抽成制结合使用。

▼表7-2　岗位等级法

等级	岗位	职务	薪酬/元
第一级	高级管理层	总经理及副总经理	最高
第二级	中级管理层	部门经理	次之
第三级	基层管理层	主管	第三
第四级	无	一线员工	最低

（2）岗位分类法

岗位分类法与岗位等级法类似，这类方法是把岗位分成若干个类型，然后根据岗位类型来确定工资等级，适用于岗位类型单一，或者比较小的企业。例如，某工厂主要分为管理岗位、技术岗位和一线操作工，其岗位分类如表7-3所列。

▼表7-3　岗位分类法

等级	管理岗位	技术岗位	一线操作工
第一级	最高	最高	最高
第二级	次之	次之	次之
第三级	第三	第三	第三
第四级	最低	最低	最低

（3）因素比较法

因素比较法，是指忽略岗位、职位的限制，仅仅以影响薪酬的某些因素为衡量标准，运用这些可比较的因素来决定薪酬。具体方法如下。

① 选择可比较的因素。可选择的因素通常有4个：心理因素、技能知识、生理状态、工作条件。

② 将确定的因素与具体的工作联系起来，结合工作描述进行评估。

③ 找出基准岗位。基准岗位是其他岗位能与之比较并能确定相对价值的岗位，基准岗位的选择直接影响其他岗位与考核岗位相比较的结果。

④ 根据可比较因素确定薪酬范畴。依据每一个可比较的因素，来确定基准工资，以及相关的工资范围。

⑤ 列出因素比较表。根据各个因素在总工资所占的比重，计算出各岗位具体的薪酬数，如表7-4所列。

▼表7-4　因素比较表

工资（例）	技能知识	生理状态	心理因素	工作条件
100元		岗位1		岗位4
200元		岗位2	岗位1	
300元	岗位1	岗位4		
400元	岗位2	岗位3		
500元	岗位1			岗位2
600元			岗位3	岗位4

计算得出

岗位1	100 + 200 + 300 + 500 = 1100（元）
岗位2	200 + 400 + 500 = 1100（元）
岗位3	400 + 600 = 1000（元）
岗位4	100 + 300 + 600 = 1000（元）

（4）点排列法

点排列法，是在因素比较法的基础上，将影响薪酬的各个因素以点数来表示，然后根据每个岗位所获得的点数来决定其薪酬。具体操作流程如下。

① 确定关键因素。关键因素，通常指技能、努力、责任、工作条件等。

② 确定关键因素的子因素。例如，技能因素的子因素为教育程度、经验、知识。

③ 确定每个子因素的等级。例如，每个子因素又可分为5个等级。

④ 规定每个子因素的等级标准。

⑤ 确定每一个子因素的权重。

以培训为例，受训人员在接受培训时对培训的内容接受程度不同，影响这种接受程度的因素有很多。其中，受教育程度是不可忽视的因素之一，这里将员工的受教育程度分为5个档次，分别为1级初中生，2级中专生、高中生，3级大专生，4级本科生，5级研究生及以上。

在确定每个档次的工资时可按照表7-5进行。

▼表7-5 点排列法确定档次工资的方法

关键因素	子因素	权重	1级	2级	3级	4级	5级
技能知识	受教育程度	15	15	30	45	60	75
	经验的积累	20	20	40	60	80	100
	知识的学习	10	10	20	30	40	50
生理、心理状态	生理条件	10	10	20	30	40	50
	心理稳定性	15	15	30	45	60	75
责任心	对工作	5	5	10	15	20	25
	对企业	5	5	10	15	20	25
	对同事	10	10	20	30	40	50
	对客户	10	10	20	30	40	50
工作条件	设备、技术、人员的配备	10	10	20	30	40	50
	工作环境	5	5	10	15	20	25
总点数			115	230	345	460	575

⑥ 计算出每个岗位的点数，以一线销售人员和市场部经理最低薪酬为例进行计算，如表7-6所列。

▼表7-6 岗位点数计算法

影响因素		销售人员		部门经理	
关键因素	子因素	等级	点数	等级	点数
技能知识	受教育程度	1	15	5	75
	经验的积累	1	20	4	80
	知识的学习	1	10	3	50
生理、心理状态	生理条件	4	40	5	50
	心理稳定性	5	75	3	45
责任心	对工作	4	20	5	25
	对企业	3	15	5	25
	对同事	2	20	1	10
	对客户	5	50	4	40
工作条件	设备、技术、人员的配备	1	10	1	10
	工作环境	1	5	2	10
总点数			280		420

⑦ 确定点距、级距、级范围和最低工资。

⑧ 画出工资结构图。

薪酬制度是员工意志的集中体现，只有充分保障员工的利益，才能最大限度地被认可、被接纳。因此，薪酬制度的制订需要员工的配合和参与，员工可参与的有：界定工作职责、参与岗位评估的集体评议、参与薪酬满意度调查、参与薪酬方案的反馈等。

7.3 薪酬的两大分类

薪酬是企业支付给员工劳动报酬的一种形式，需要定期、定额地发放，但具体如何来发放却令不少HR经理头疼。若很吝啬，则造成员工的不满；若很大气，但实际效果也并不好。薪酬的发放，不能太少，也不能过多，而是要合理，否则会产生一系列的问题。

案例2

某企业薪酬普遍高于市场平均水平，但很多员工还是非常不满意：办公室人员觉得市场人员工资高，市场人员觉得办公室人员付出少还拿高工资。于是，员工间发生一大堆扯皮事件，造成了工作效率低下。

尽管如此，仍没有人主动离开。公司人浮于事，员工出工不出力，这就是典型的高薪低效的体现，其根本原因在于员工没有意识到收入是来源于自身的贡献和岗位价值，总认为是应得的收入。

从这个案例中可以发现，薪酬不合理对员工的负面影响有多大。所以，HR经理必须掌握发放薪酬的方式和合理性。要想解决这个问题，作为薪酬总设计师的HR经理需要承担起更多的责任。

接下来，我们就来了解一下薪酬的不同分类。

薪酬有狭义和广义之分。狭义薪酬，也就是我们经常说的"工资"，仅仅是指与"劳动"有直接联系的报酬。广义薪酬，是指与员工付出劳动有关的所有酬劳，除了基本工资外，还有奖金、福利、社保以及各种非物质报酬，如参与企业的管理、决策等权利。

狭义薪酬和广义薪酬之间的关系，如图7-2所示。

直接薪酬
基本工资、成就工资、激励工资、津贴

狭义薪酬

内在薪酬
参与管理决策，获得个人成长机会

间接薪酬
法定福利、企业福利、保险、培训及其他服务

广义薪酬

外在薪酬
类似于狭义薪酬部分

▲图7-2　狭义薪酬和广义薪酬的关系

（1）狭义薪酬的分类

狭义薪酬主要由两大部分构成。一是直接薪酬，是指直接以货币形式发放的报酬，包括基本工资、加班及假日津贴、绩效资金、股票期权等；二是间接薪酬，是指企业为预防员工发生不测事件或为保障其将来生活，提供的非货币形式报酬，包括福利和保险等。

1）直接薪酬

直接薪酬包括3部分。

① 基本工资。企业定期支付给完成所承担工作的员工的货币薪酬，如月薪、年薪等。这部分薪酬是员工最基本的、最稳定的报酬，通常会随着经验、技能的增加和生活水平的提高而提高。它既是员工基本生活的有力保障，又是其他可变薪酬计划的主要基础。因此，它也是HR经理薪酬管理的重要内容。

② 成就工资。成就工资是薪酬中与绩效直接挂钩的部分，是企业对员工已经取得的成就的认可，是在基本工资之外另行增加的、定期支付的固定现金薪酬。这部分薪酬随着员工业绩的变化而调整，与员工在企业中的表现和努力的程度息息相关。

这部分薪酬运用了"分成"的机制，并不是每一个员工都可享受得到，而且享受的额度有很大差距。比如，奖金就是其中的一种，其数额可大可小，奖励频率可长可短。这充分体现了激励薪酬的灵活性，正是由于这种特性，其激励作用往往是巨大的。

③ 津贴、红利、股权等。这是员工工资的补充形式，是对岗位的具体条件和劳动的特殊内容（如业务出差、特殊工作条件）以及其他因素（如物价、住宿）的补偿性价值，通常与基本工资一起计发。

2）间接薪酬

间接薪酬包括福利和保险。

福利，是企业为改善员工的生活水平，增加员工生活便利，而提供的特殊待遇。比如，提供的吃、住、行、用、休闲、娱乐等福利性待遇。福利多以非实物的形式发放，采取员工自愿参与的模式。

在企业的间接薪酬体系中，保险是不可忽视的一部分，它是为满足员工长期需求或隐性需求而支付的一种报酬，具有一定的服务和保障功能。

（2）广义薪酬的分类

广义薪酬可以分为内在薪酬和外在薪酬两大类，如图7-3所示。

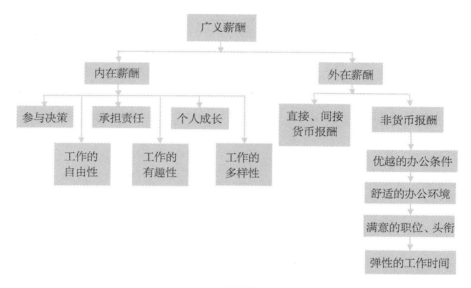

▲图7-3　广义薪酬分配示意图

① 内在薪酬。这部分薪酬产生于员工的工作本身，更多地体现为贡献度的大小、工作质量的高低。其作用在于提升员工的个人价值感和成就感。主要包括参与决策的权利、更多的责任、更大的工作自由和权限、较有兴趣的工作、个人的成长机会和多样化的活动，等等。

内在薪酬可激发员工的主体意识，积极参与企业的活动，引导员工自我成长，以适应不断发展的工作需求。

② 外在薪酬。外在薪酬类似于狭义薪酬，分类也基本相似，可分为直接薪酬、间接薪酬和非货币性的薪酬三部分。其中，直接薪酬、间接薪酬与狭义薪酬极为类似，唯一区别在于非货币性薪酬这部分，所以，这里重点讲一下非货币性薪酬。

非货币性薪酬又称"非财务性薪酬"，是指员工所获得的来自企业或工作本身的非货币形式支付的所有收获。例如，企业提供的工作环境、制订的休假制度、对职业生涯的辅导，以及可带来的满足感和成就感等其他收获。

7.4 薪酬的3种组合模式

薪酬组合是由各种薪酬单元组成的，在薪酬的发放上，尽量避免以某个形式单一出现。一个完美的薪酬组合通常要含有三种模式，即固定薪酬（基本工资等）、浮动薪酬（绩效工资、奖金等）和福利、津贴等。

重赏之下必有勇夫，这句话确实有一定的道理，但用在企业中重赏亦要区别对待，要结合不同岗位的价值，要衡量员工对企业贡献度的大小，否则，花了大钱也未必能收到预期效果。

案例3

某房产销售公司的文员张某，平时只做些辅助性的工作。比如，为客户办理购房手续、为客户提供必要的服务等，因此每个月只领着2500元的固定工资。张某每月领固定工资，工作积极性越来越小，因为她认为干多干少一个样，所以很多事情总是能不办就不办，能少干就少干。

为提高她的工作积极性，公司改制，将工资与业绩开始挂钩，除了基本工资外，还增加一部分浮动工资。浮动工资按市场部的销售量来提成，市场部每卖出一套房子，她就能提取一定比例的服务费。这种方案施行后，刚开始还很有效，时间一长又出问题了，张某为拿到更多的提成，就只顾着服务大客户了，将小客户全撂一边，结果招来一大部分小客户的投诉。

后来，公司再次改变其工资的模式，即不按销售套数来提成，而是满一定的数额才能提取。这样一来，就不会出现张某将客户分为三六九等的情况了，张某对工作有了积极性，工作效率也提高了。

从这个案例中可以发现，薪酬的组合并不是想象的那么简单。一般来讲，薪酬是有不同模式的，即以什么为基础进行组合，如是基本工资、激励工资，还是津贴和福利等。以不同的基础建立起来的薪酬体系，其薪酬水平、薪酬结构和管理方式都会不同。因此，在进行薪酬组合之前，需要先明确薪酬的模式。

一般而言，员工的薪酬总结为两大类四小类。两大类是固定薪酬和浮动薪酬，四小类是基本工资、激励工资、津贴和福利。薪酬模式是指这几种薪酬，以不同比例组合在一起的集合。一个集合就是一个体系。然而，由于基本工资、激励工资、津贴、福利等各有各的特性，因此，当它们以不同形式组合在一起时就会形成多个模式。

各类型薪酬都有刚性和差异性的特性。刚性就是各薪酬的不可变性，差异性就是各薪酬相互之间的差异程度。这些特性是组建薪酬模式的主要影响因素，下面就介绍一下这两种特性的不同表现，如图7-4所示。

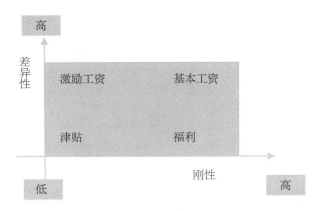

▲图7-4 各类型薪酬特性表现示意图

✦ 基本工资具有高刚性和高差异性，不同岗位上的员工基本工资差距明显，并且员工的基本工资既不能随便扣减，也不能随时增加。

✦ 激励工资具有高差异性和低刚性，往往随着员工不同的行为、效率、工作业绩和组织绩效等因素的变化而拉开差距，上下浮动。

✦ 津贴具有低差异性和高刚性，与工作业绩无关，从事同一种工作的人享受相同水平的补偿，并随着工作条件、物价水平、组织效益等因素的变化而进行调整或取消。

✦ 福利具有高刚性和低差异性，由于设置福利的目的就是保障员工的生活、稳定员工队伍，不同的人和不同阶段的福利都须保持平稳，只存在较小的变化。

按照各类型薪酬的刚性（不可变性）和差异性（在不同员工之间的差异程度）分，可形成3个模式，分别如下。

（1）高稳定模式

这种模式表现为，基本工资和福利在总薪酬中所占的比例较大，激励工资和津贴所占比重小。这是一种以基本工资为主，与其工作绩效关系不大的模式，主要适用于那些弹性比较小的职位。

其优点是薪酬稳定性高，波动不大，可增强员工的安全感。缺点是由于减少了激励工资的比重，可调节的灵活性大大降低，致使激励功能削弱，容易给企业造成不稳定。

（2）高弹性模式

这种薪酬模式表现为激励工资和津贴所占比重较大，福利和基本工资所占比重较小，是一种以短期绩效为主的高浮动的模式，适用于人员流动率高、工作变动性大、员工工作积极性低，以及产品研发、营销等业绩伸缩性较大的职位。

它的优点是与工作绩效紧密挂钩，当工作绩效很高时，员工就可以获得高报酬，对员工的激励性较强；缺点是薪酬水平波动较大，员工缺乏安全感，同时企业在成本核算时也难度大增。

（3）折中模式

折中模式是上述两种模式的融合，既要稳定性又要激励性，既要员工的工作热情又要工作绩效，其要点是适当加大奖金、福利和津贴的比重，加大基本工资的刚性比例。

这类模式的优点是兼具激励性和安全性，稳中有进，适用面广泛，也便于企业灵活掌握成本控制。缺点是实施成本较高，各种形式薪酬平衡性往往很难把握。

由于各薪酬形式刚性、差异性处于一个不断变化发展的状态，其各自所占的比例也是可变动的，从这个角度来看，即使在相同的薪酬模式中其表现也是不一样的。比如，基本工资与激励工资为8∶2与7∶3，模式同属高稳定模式，带给员工的感受则不一样。

7.5 不同模式下的4种薪酬结构

合理的薪酬结构在构建企业薪酬体系过程中起着重要的作用，薪酬结构的不合理会导致很多问题，最直接的就是造成员工薪酬的差距进一步拉大，打击一部分员工的工作积极性。

案例4

某企业高层希望通过不断提高员工能力（知识和技能）来提升企业业绩，认为员工的能力才是取得优秀绩效的前提。于是，在设计员工薪酬时就加大了能力工资部分的比例，占到总薪酬构成的80%，其他部分则由奖金和福利两部分构成，占到20%。

该企业设计了3000～8000元5个等级的薪酬，根据员工能力的高低给予不同的工资。因此，能力高的员工拿到的工资比较高，但部分员工对此制度产生不满,原因在于他们的工作付出得多但无法拿到相应的薪酬。

于是,这些员工不再努力提高绩效,而是一门心思地把主要精力放在自我进修上,希望通过学习提高能力,以被企业看中,从而得到更高等级的工资。

经过一段时间的发展,企业人工成本变得越来越高,但利润却没有明显的改善,管理层开始思考把薪酬支付的重点从能力上转移,从而兼顾员工能力和绩效两个因素。

上述案例体现的就是薪酬结构不合理的问题。薪酬结构是薪酬模式的具体表现形式,即薪酬应当由哪些部分构成、各占多大比例、薪酬分多少层级、层级之间的关系如何等。在三大薪酬模式的基础上,可分解出4种薪酬基本结构,分别如下。

第一种:以固定薪酬为主,浮动薪酬为辅,如图7-5所示。

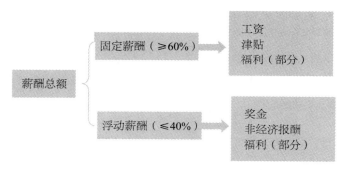

▲图7-5 薪酬结构类型1

第二种:以浮动薪酬为主,固定薪酬为辅,如图7-6所示。

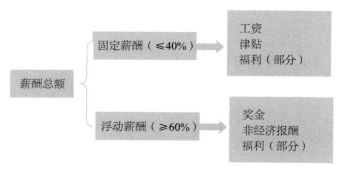

▲图7-6 薪酬结构类型2

第三种：以固定薪酬为主，浮动薪酬为辅，同时实现其他元素的多元化分配。与第一种不同的是，固定薪酬中部分薪酬划分成了几个可调整的部分，单独列出，如图7-7所示。

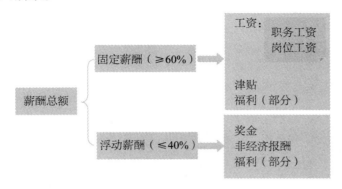

▲图7-7　薪酬结构类型3

第四种：固定薪酬＋浮动薪酬（可选择的多元化福利）。这是欧美国家企业采取较多的一种薪酬制度。特点是固定薪酬和浮动薪酬大体相等，但浮动薪酬可在一定范围内自主选择，如图7-8所示。

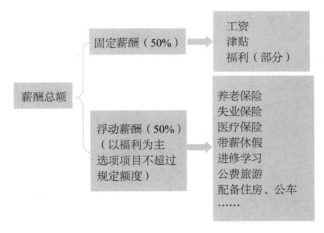

▲图7-8　薪酬结构类型4

薪酬体系主要有两个目的：一是确保企业合理控制成本；二是帮助企业有效激励员工。薪酬结构是薪酬体系中一个主要的子模块，因此在设计薪酬结构时需要以整个薪酬体系为前提，最终达到薪酬体系的两个目的。

第 8 章

绩效结果运用：完善激励机制，提升员工素质

完善激励机制、提升员工素质是绩效结果的另一个运用，
也是企业实施绩效考核的最终目的。
通过对员工绩效的考核，
实现对薪资的调整和优化是浅层次的目的，
完善企业的整个激励机制、提升员工的综合素质，是其更深层的意义。

8.1 有利于绩效奖金的合理发放

一个企业的薪资体系，除了工资，还有一个非常主要的构成部分，即奖金。比如，年终奖，企业能发多少，员工又能分得到多少，每年都能引起社会各界的关注。奖金，不但是很多企业的重头戏，也是员工在付出艰辛后期待回报的终极见证。

合理发放奖金可以有效激励员工的工作积极性，但如何来发放和分配这部分资金呢？重要的依据之一就是根据考核结果而定。一般来讲，企业需要依据员工个人的绩效考核结果来确定奖金的发放标准，反过来讲，这也是绩效考核实施达到预期目的的终极体现。

由于奖金的支配和发放依据绩效考核的结果与绩效挂钩，因此其往往又被称为"绩效奖金"。在绩效奖金的运用上，奇瑞汽车股份有限公司则有着成功的案例，下面来详细了解一下。

案例1

奇瑞汽车股份有限公司针对一线员工有着一套自己的薪酬体系，尤其是在奖金方面更具有自身的特色。

每人每月的绩效工资为：月绩效工资（A）＝车间发放额度（B）＋特殊岗位津贴（C）＋兼职专项管理辅助人员津贴（D）＋工段（班组）内特别奖励（E）＋出勤奖金变化量＋缺勤扣款＋其他（F）。

从这个公式中很容易看出，奇瑞的一线员工每个月的工资可分为七大部分，每一部分都有严格的计算方式，分别为：

① 车间发放额度（B）＝（厂部下发额度－10）＋（工段月综合考核总金额/当月工段总人数）＋奖金变化量（由员工在班组考核排名确定）。

② 特殊岗位津贴（C）＝岗位工资×对应的绩效系数×轿车公司及轿车厂对车间的一个部分考核分。

③ 兼职专项管理辅助人员津贴（D）：以班组内员工平均奖金为基数，每向前一位加对应奖金数，每向后一位减对应奖金数。排名并列的有两种情况：一是位于平均排名之前的优先考虑低位；二是在平均排名之后的优先考虑高位。

④ 工段（班组）内特别奖励（E）：这部分奖金是为表彰员工在工作中的突出表现，由各工段（班组）负责人根据每个人的具体表现自主分配。规定每月20元/人［当月各工段（班组）奖励总额以当月最后一天在职人员为准］。同时，这部分奖励必须以通知形式公布，否则无效。

⑤出勤奖金变化量：出勤奖金主要取决于额外出勤时间的长短。比如，周六、周日的加班，以及平时出勤的累加等，规定每额外出勤8小时按一天计算，每一天出勤奖金为25元。

⑥缺勤扣款：是指员工在正常工作日（周一至周五，每天8小时）缺勤的日子，事假扣20元、病假扣15元，统一由公司人力资源部扣款。

⑦其他（F）：特殊节日或事件的额外所得。

奖金制度的完善，奖罚制度的公平，大大激发了员工的积极性和创造性，使工作效率成为业界中效率较高的公司之一，创造了"奇瑞"这匹黑马。奇瑞在短短10年间，以自主开发的姿态创造了中国民族汽车工业的一个奇迹。

从这个案例中可以看出，绩效奖金作为以个人绩效为导向的报酬方式，最大限度地尊重每个人的劳动成果，使奖金分配有章可循、有法可依，更加公平，使人的潜力得以最大限度地开发和释放。

那么，如何计算绩效奖金呢？我们可以看一个公式，如图8-1所示。

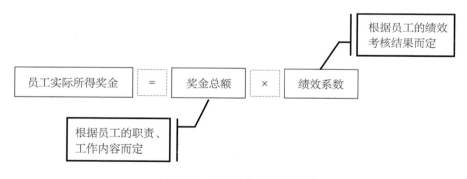

▲图8-1 绩效奖金的计算公式

然而，这只是理想状态下的一种模式，在具体实践中还会涉及很多其他方面。这也是为什么有些企业，虽然一直根据绩效考核结果管理和分配奖金，但仍很难令一部分员工满意。因此，要做好绩效奖金，还需要注意以下3点。

（1）严格按制度办事

绩效考核一定要在绩效考核管理办法范围内运用，不能随意修改或取消。有的企业喜欢临时出台特殊政策，修改绩效标准，这往往是不可取的。如果企业当时没有该规定，那么只能按照原有的政策、制度办事；有的企业甚至会临时取消某员工的绩效奖金，原因是其曾经犯过错误，这也是不可取的。总之，只有严格按制度办事，才能让员工感到公平。

（2）坚持对总量进行控制

在年底预算时，HR部门要充分做好人力成本各项目的总量预算，严格控制支出。主要包括绩效结果在绩效工资、奖金、调薪方面的运用，最后成本总量必须控制在预算范围内。如果有特殊情况发生，要特别报告和申请，获得上级领导批准后另外列支。

（3）加强与员工的沟通

在各部门绩效结果运用初步意见形成之前，各级领导需要与下级员工进行充分交流，收集员工的意见，然后汇总呈绩效委共同商定。如有需要改变的，再反馈给相关员工，以绩效委意见为主；如果员工不同意，可以协商调离岗位或离职等。

绩效考核结果的运用不仅需要有健全的制度、公正的执行，而且要加强费用控制，做好与员工的交流解释和保密工作，只有如此，才能"加了工资、有了激情"，才能对员工起到激励作用；否则，只能惹得员工怨声载道。

8.2 有利于岗位调动、职位晋升

一个企业，无论规模大小，属于什么行业，职位升降、岗位调动都是常态。是否有公开、公平的晋升机制是吸引人才的主要原因之一。那么，企业如何来构建自己的晋升机制呢？同样离不开绩效考核管理，合理运用绩效考核结果能使晋升机制更科学、更完善。

案例2

安利是全球最大的直销公司，通常是销售人员直接向消费者推介产品，此推销模式赢得了广阔的市场，安利的晋升模式也是独具匠心，别具风格。

安利的成功经验，总结起来只有两个字：激励。这里的激励表现在员工的晋升体制上。为了配合推行新的客户分类发展战略，更好地服务好客户，纵深拓展二、三级城市的销售市场，各区分别增设了1~2名销售主任以配合区域的发展。

自2009年1月以来，安利形成了大区域经理+5个销售主任的架构，新人员有了更多配置上岗的机会。同时，区域内的人员搭配也达到了最大的优化，并在销售中起到了很大的推动作用。销售主任在工作中发挥出了自己的力量，在不断努力中克服了一个又一个困难，在大区域销售经理的指导下得到了锻炼。

那么，如何提拔人员呢？安利的依据就是销售业绩。总部每月都会从销售部汇总出每个员工（包括销售主任）的销售业绩进行考核，并以报表的形式呈报上去。报表中的数据会成为员工晋升的主要参考。

在销售系统中，业绩数据虽然能证明一个人的能力，却不能代表全部。一个人是否该晋升，还需更多的事实说话。如果只看业绩，那么销售主任所付出的努力都将可能因业绩差而忽略了。若只看这些报表中的数据，而忽视了检讨运作模式的合理性和销售主任的个人能力，必将造成人才的流失。

因此，除了看销售报表之外，安利还会寻找一些其他的佐证，以保证晋升的公平性。对报表中显示销售业绩不理想的员工，会根据特定情况进行分析。比如，认真听取市场一线销售主任的反馈意见，重新论证过去设置销售主任职能的合理性。毕竟影响业绩的原因是多方面的，既有客源分配的合理性、市场开拓的难易度等，也有运作模式是否合理的因素。对具体原因则需要做进一步的分析。

从这个案例中可以看出，绩效考核结果虽然是晋升的主要依据，但是又不能完全由结果决定。毕竟结果往往只能静止地反映出一个侧面，就像安利在对销售主任、销售员做考核时，并没有完全看销售业绩，而是结合了其平时的绩效记录，这恰恰体现了绩效考核的公平性、公正性。

企业晋升制度，公开、公平、公正，一切遵照"能者上、平者让、庸者下"的原则。一旦形成长期的用人机制，对企业、对员工都是十分有益的，具体表现在以下3个方面。

（1）给每个员工公平竞争的机会

这主要表现在，给有能力的员工公平晋升的机会，坚决摒弃按亲疏远近、论资排辈晋升的观念，在公司内部实行轮岗和公平竞争上岗，从而有利于员工认清公司对具体岗位的具体要求，并且能使最合适的员工在该岗位上工作。

当企业高层或中层职位出现空缺时，按照内部制度提升，使公司亲属外的员工也能处在中高层管理职位，这样员工才会认为在公司有发展机会，才能安心地留在公司工作。

（2）可以有效地激励员工

对员工的激励有很多方法，最核心的就是要注重对员工的内部培养，除了物质激励外，还要尊重员工，将物质激励与精神激励相结合，对基层员工要以物质激励为主，辅以精神激励；而对于中层以上员工，则要把物质激励与精神激励放在同等重要的地位。

（3）实现企业的全面发展

企业管理者要把员工看作是公司的可增长财富，帮助员工制订职业人生规划，促使其学习各种知识和技能，以及提高其各方面的能力。根据公司发展需要，考虑员工个人的兴趣、特长，挖掘其潜能，使员工和企业一同发展，以有效帮助员工实现职业生涯规划，和企业同步发展，从而降低员工流失率。

8.3 有利于完善企业培训机制

通过对绩效结果的分析，可以发现被考核者与企业要求之间的差距，这时企业就应针对差距，及时组织相关的教育培训活动，让绩效不佳者接受再培训，以丰富业务知识，增强工作技能。

一位培训专家曾这样说："企业提出的培训是员工最好的福利，但大多数都忽视了重要的一点，那就是为什么而培训。"当培训流于形式时也就失去了它的意义。那么，企业如何才能更好地发挥培训的作用呢？还得回归"绩效"这个关键点，要全方位、客观科学地做好绩效管理工作。

那么，如何做好培训工作呢？目前最有效的办法是运用HPT模式。

绩效干预模式（Human Performance Technology，HPT），是一种操作方式，通过确定绩效差距设计有效益和效率的干预措施，获得所希望的人员绩效。它涉及行为心理学、教学系统设计、组织开发和人力资源管理等多学科理论，是绩效改进的一种策略。

这种方法起源于20世纪60年代的美国，部分心理学家和教育技术人员将这个概念引入了教育领域，并在此基础上加以创新和发展，最终形成了HPT。其操作步骤包括以下5个方面，如图8-2所示。

▲图8-2　HPT的操作步骤

当前，HPT在欧美企业使用相当广泛，如波音、霍尼韦尔、百思买等国际著名企业。HPT模式的目的是消除差距，因其超强的指导性越来越受到企业界的关注。企业管理者将该理念、方法应用于企业培训，取得了显著的成效。在国内，专业服务机构和企业界的先行者也都开始尝试使用HPT模式。

HPT有三个关键环节：发现方法、学习方法、运用方法。三者之间存在密切的内在联系，如图8-3所示。

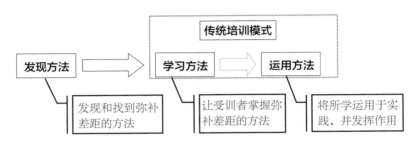

▲图8-3　HPT的三个关键环节之间的内在联系

在传统培训中，培训工作者往往在"学习方法"和"运用方法"上做了很多的努力和尝试。比如，在第二个环节"学习方法"中，通过设计方法，使方法更有效；在第三个环节"运用方法"中，使用行动学习和辅导跟踪的方式，来促进所学内容和方法的应用，并取得了很大进展。

然而，第一个环节"发现方法"常常被人们所忽视，导致培训工作者虽然做了很多授课方式和应用方面的努力，却不能保证培训所学的内容和方法能真正有助于提升企业绩效。

由此，我们不难得出结论：HPT倡导的针对企业绩效差距根本原因的分析，正好弥补了培训要素中缺失的"发现方法"这一关键环节，并引导培训工作者同时注意到这三个环节，让"学习方法"和"运用方法"真正促成绩效目标的达成。

培训是推动企业向前发展的一个不可或缺的因素，有利于提升员工专业技能和综合素养。无论进行哪种培训，都是为了取得更好的绩效。然而，事实却是很多企业的培训形同虚设，无法真正解决企业关心的绩效问题。尽管培训管理者在提升培训效果方面不断进行尝试，但还是很难从整体上很好地解决这个问题。

8.4 企业招贤纳士的重要依据

企业需要什么样的人才？这个话题恐怕已经是老生常谈了。在这个问题上，智者见智，仁者见仁，每个企业都有自己的一套用人标准，每个企业都有自己的选人方式。从根本上讲，企业需要的是能够解决问题的人。只要能为企业解决工作中问题的人，就是企业所需要的人。

新员工的绩效考核表现、培训后员工的业绩提高水平等都可用来作为企业招聘工作的有效依据。基于此，企业在招聘新员工之前，需要根据绩效考核制订一套严格的录用标准。

每个职位都存在差异，每个职位工作的内容都不一样，即使同一职业的相同职位，其工作内容也有很大差异。比如，同为总经理助理，房地产公司与软件公司的工作内容会有天壤之别。这种因素是内因，称为工作差异。工作差异与员工的个体差异正好形成对比。HR对应聘者最高的要求就是，个体差异要与招聘岗位的差异相吻合。而招聘本身就是为了迎合这种需求，因此在招聘之前，人事部的相关人员必须认真分析待招岗位的需求，根据需求制订一个完善的、符合企业发展需要的招聘计划。

站在企业的角度来讲，首先必须对招聘的岗位进行充分的需求分析。在进行需求分析的时候，需遵照以下4个步骤，如图8-4所示。

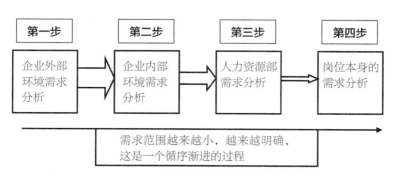

▲图8-4 招聘需求分析步骤示意图

例如，联合利华曾斥巨资引进了一条香皂包装生产线，结果发现这条生产线有个缺陷：成品中常常出现盒子中没装入香皂的现象。于是，他们请了一位学自动化的博士后设计一个方案来分拣空的香皂盒。博士后拉起了一个十几人的科研攻关小组，花了几十万元，成功解决了问题：每当生产线上有空香皂盒通过，旁边的探测器就会检测出来，并驱动一只机械手把空香皂盒推走。中国南方有个乡镇企业也买了类似的生产线，也同样遇到这种问题，老板也为此大为发火。工人想出办法：在生产线旁边放台风扇猛吹，空香皂盒自然会被吹走——几百块钱就把问题解决了。

这个工人就是我们通常意义上所认为的"没有创造力的体力劳动者"。工人并不具备高学历，更不具备博士后那样解决问题的专业知识，但他确确实实解决了这个问题，而且解决得很漂亮，甚至有些出人意料。由此可见，并非只有专业知识工作者才能带来创造力，这个所谓"无知识"的工人也同样具有出人意料的创造力。所以，人才并没有一个明确的定义，更不能盲目地看学历，论资排辈。

8.5 指导员工职业生涯规划

帮助员工做好个人职业生涯规划和发展是企业挖掘员工潜力、激励员工创造力的重要方法，而绩效考核在指导员工职业生涯上发挥着重要作用。通过绩效考核评估，可使员工超越单纯为薪酬而工作的狭窄想法，实现更高层次的自我价值，同时也使员工更容易与企业的文化相融合，增强企业的凝聚力。

可见，只有将职业生涯的规划发展与绩效考核结合起来，共同形成一个高效的管理系统，才有可能取得更大的效益。

案例 3

成立于1992年的零点研究公司，是一家提供企业管理、咨询服务的企业，也是目前国内最大的企业管理服务性企业，业务包括市场调查、民意测验、政策性调查和内部管理调查，业务范围发展到全球45个国家和地区。

在零点研究公司快速发展的背后，真正依靠的是一支富有创造力和活力、配置合理的专业团队。零点研究公司十分重视对人才的培养，尤其是在员工职业生涯的规划上。为了挽留优秀的从业人员，长期以来，零点集团领导密切关注一个问题，即如何才能让员工充分发挥自身潜能、保持高度的忠诚。

在集团领导和相关部门的大力支持下，人力资源部门通过绩效测评，为不同部门、不同层次搭建了一套适应他们发展需要的员工职业生涯规划体系。

比如，在对核心员工的职业生涯支持上，进行细致入微的访谈，并对核心业绩进行评估，综合考察他们的工作现状及后期适合的职业发展方向，同时通过专业测评和资深的职业咨询专家组成的考核小组，制订测评方案。

这套职业规划体系可以帮助员工全面认识自己，明确自身的优劣势，确立未来的发展方向。再加上实施了配套的内外部培训，大大提升了员工的业务能力，为员工未来的职业生涯奠定基础。

这个案例表明,有效的职业生涯规划与管理,能给员工提供更切实际的工作期望、更明确的职业发展计划。同时,为核心员工充分发挥其潜能提供实际辅导,满足员工追求理想、自我实现等高层次的需求,帮助核心员工协调好职业生涯与家庭生活的关系,更好地实现人生目标。

因此,绩效考核者要注意帮助员工做好职业生涯规划,评估他们的业绩情况和潜能,帮助员工确定个人发展职业方向。那么,如何来实现这一目标呢?

(1)制订与被考核者职业发展同步的绩效计划

设定绩效目标,应规定达到目标后有什么激励,没达到目标后有什么处罚等。根据员工绩效周期内的绩效进展情况,及时调整不适合绩效计划的客观情况和人为因素。

(2)帮助被考核者进行绩效改进,为其提供必要的支持

帮助员工做好工作量化,并及时与员工保持沟通进行绩效改进。根据员工对绩效计划的执行结果进行评估,制订更详细的发展计划。对于不同类别的员工,其职业生涯的制订所获得的支持也不同,如图8-5所示。

优秀员工	优秀员工的绩效水平和适岗程度都很高,应该加强对其进行认可,并给予其充分施展个人才能和发展事业的机会,如晋升和转聘
一般员工	一般员工的技能和知识处于中等水平,建议设计充分全面的绩效和技能提升计划,为其在公司的长远发展打下坚实基础
具潜力员工	具潜力员工具备充分的技能和知识,但因其与现有岗位的匹配度不高,未能创造优秀的绩效成果,所以应为其进行较为长远的职业规划,设计合适的职业发展计划,如轮岗等
待发展员工	待发展员工无法满足企业对其提出的要求,应针对其所欠缺的技能和知识,对其进行全面培训和辅导。若培训和辅导无法达到预期的效果,可考虑将其淘汰,鼓励其另外寻求个人职业发展

▲图8-5 不同类别员工所获取的职业生涯支持

（3）通过绩效考核对员工的职业规划进行考评、调整

员工职业目标的实现程度如何，需要通过考评结果来体现。对正在实行的目标，要根据合理量化的考评结果，时刻监督目标进行的进度，找出其与预期目标的差距。为弥补差距和不足，使员工进行学习和培训，完善其职业知识和经验积累，促进员工职业规划的稳步实现。

同时，调整和完善后期的职业生涯规划，进行再计划，促使员工的职业生涯规划按照预设的轨道行进，时刻不偏离职业规划目标，促使员工提升职业能力，促进员工成长，同时调动员工积极性，保证每个员工尽显自我价值，实现企业的发展规划。

综上所述，企业在开展员工职业生涯规划过程中，要同时做好绩效考评工作，将两个方面有机统一起来，最大限度地发挥企业的绩效考核作用和实现员工的个人职业生涯规划。最终，员工的能力得到提升，企业的生产得到发展，实现员工和企业的共同发展。

第 9 章

进行绩效面谈，调整个人绩效

做绩效考核并不是填写绩效考核表格、
算出绩效考核分数、发放绩效工资就结束了，
其最终目的是提高绩效。管理者应该让员工充分了解自己的绩效状况，
通过面谈明确表达给员工，
因此，在绩效考核中绩效考核面谈这个环节必不可少。

9.1 绩效面谈的作用

绩效考核分多个阶段，而绩效面谈则是贯穿几大环节的重要链条。通过面谈，使上下级之间充分交流工作情况，对工作情况进行确认，保持优势，改进不足，使工作得到进一步完善。

绩效面谈，是为找出被考核者在工作中的优势、不足，并针对不足制订出相应的改进方案。绩效面谈是绩效改进的重要过程，不可忽视。那么，绩效面谈具体有什么作用呢？主要表现在以下4个方面。

（1）有助于正确评估员工的绩效

现实中，对同样的行为表现往往会有不同的评价，即使对行为表现的评价一致，但对于行为背后的深层次原因也会有不同的认识。管理人员对员工的评估只是代表管理人员的看法，而员工可能会对自己的绩效持有不同见解；如果管理人员将自己的评价强加到员工身上，那么无论评价正确与否都会影响员工的积极性。因此，管理者和员工进行绩效沟通时，对员工的绩效、表现达成一致是非常重要的。

（2）有助于员工正确认识自己的优缺点

每个员工都有长处和短处，关键是如何正确认识自己。当一个员工做出成就时都会希望获得管理者的肯定，而绩效面谈的一个重要作用就是肯定员工的成就和优点，从而对员工起到积极的激励作用。有效的绩效反馈可以使员工真正认识到自己的潜能，从而更好地发展自我。

人无完人，绩效提升亦无止境。作为一个管理者，应及时发现员工目前绩效的不足之处，给员工的工作提出意见和建议。在绩效考核面谈时，促使员工的绩效进一步提升就是其中的一项重要内容。一般来讲，员工不只想听到肯定和表扬的话，他们也需要管理者明确指出其工作中有待改进的方面，并提出建设性的意见和建议。

（3）有助于绩效考核的公正、公平性

绩效面谈可以使员工相信绩效考核是公平、公正和客观的，否则员工就有可能怀疑绩效考核的真实性。反馈面谈可以促使管理者认真对待绩效考核工作，而不是仅凭个人好恶来进行考核。

（4）有助于绩效改进计划的制订

在双方对绩效评定结果达成一致意见后，管理者可以协助员工制订绩效改进计划。员工可以提出自己的绩效改进计划，并向管理者提出需要的资源支持；管理者和员工应该充分讨论改进计划的可行性，并协助员工制订具体的行动计划。

绩效管理是一个循环往复的过程，绩效面谈的顺利结束也意味着下一个新的绩效计划制订阶段的开始。因此，上一周期的绩效考核面谈经常和下一周期的绩效计划制订面谈同时进行，可以根据上一周期绩效考核期间的绩效结果，结合绩效改进计划来制订下一周期绩效考核期间的绩效目标。

9.2 绩效面谈的内容

我们先来看一个情景案例，通过这个案例就能得出绩效面谈的框架。

案例 1

情景人物：总经理A，员工B

1. 预约：周一

总经理A：B，根据上周考核的要求，我想就你个人考核结果和你谈一谈，我们可以约一个时间吗？

员工B：A总，您定吧。

总经理A：好，那我们就定在周五9：00吧。你把其他工作安排好，准备一下。

员工B：好的。

2. 准备：周一到周五

总经理A准备了面谈所需的各种资料，一一思考面谈中可能遇到的问题，并做了简单的记录。

员工B也对自己一年的年终绩效、部门绩效逐项做了总结，并拟订了下一年度的发展计划。

3. 面谈（周五8：55，员工B走进总经理A办公室）

总经理A：B，手头事情都安排好了吗？

员工B：好了，A总，准备好了。

总经理A：请坐！

员工B：好的。

总经理A：这次谈话主要是回顾一下你的全年绩效，我先谈谈考核中你所管辖的部门取得的成绩、现状以及未来设想，然后再解决其中存在的问题。

下面我们从工作业绩、工作态度、工作能力和知识技能4个方面来逐项讨论一下。

你先做一下自我评价。

员工B（简要年度绩效自我评价）：今年，我狠抓了装置的设备基础管理，完善了管理制度，对装置的设备管理资料进行了完善和规范……

总经理A：总的来说，你今年的绩效表现还是不错的。与去年的绩效考核表相比，有五项取得重大突破。其中，第三项业绩计划达成率是最好的，全年累计完成108%，超额完成，这里特地为你奖励3分；同时由于零事故，加1分。

另外，你在工作态度上表现也不错，积极主动，加班加点坚守在一线，确保装置检修任务按时保质圆满完成。

工作态度、工作能力和知识技能方面的指标可以基本不变，但要对考核标准进一步量化，以便考核。

……

员工B：我觉得今年的"设备完好率、烟机同步运行率、设备事故次数"等这几个关键指标仍要作为上年度的年度考核指标。另外，我建议再加上两项指标：非计划停工和仪表自控率。

总经理A：过几天你把明年的工作规划详细准备一下，再完善一下岗位考核的主要考核指标和标准。我会把你增加"非计划停工和仪表自控率"两项指标的建议提交到单位班子成员集体商议，再确定明年的岗位绩效考核标准。

你也要准备设备培训计划，提高技术员和班组维护人员的素质和技术能力，为即将开展的四班两倒做准备。好了，今天我们的谈话就到这里，随时保持联系。

员工B：好的，谢谢。

这个案例基本包括了绩效面谈能涉及的所有内容，谈话流程、谈话内容都比较完整，当然这是最理想的一种状态。在实际考核中，很难完全按照以上模式进行。绩效面谈是考核结果得以反馈的一种方式，通过绩效面谈，上级能更好地了解员工在考核期间的绩效表现，以便做出进一步的决策。

同时，对员工本人来讲也是一个自我完善、自我成长的绝佳机会，面谈中反映出来的优点和不足，都会促使自己改进计划，完善下一个考核周期的目标。

可见，绩效面谈带来的好处，是针对考核者和被考核者双方而言的。不过值得注意的是，在绩效面谈中，考核者仍占据绝对主导地位，需要主动与被考核者商议取得面谈机会，然后进行一对一、面对面的沟通。根据工作需求，考核员工在本周期内的绩效表现，将员工的绩效表现通过正式的渠道反馈给他们，让员工根据结果对自己表现好的方面和不好的方面都有一个全面的认识，以便在下一个绩效考核周期做得更好，达到改善绩效的目的。

接下来，结合上述案例来分析，作为绩效考核的主体——考核者，该如何开展绩效面谈工作。

具体来讲，应该准备哪些资料，要根据面谈的内容而定。因此，我们有必要了解一下面谈通常所涉及的内容。

一般绩效面谈的内容包括以下4个方面。

（1）谈工作业绩

谈工作业绩，主要是谈工作完成情况（完成了多少、没完成多少），以及最终的综合评估结果。当下属对评估结果有异议时，还需详细地向其介绍绩效评估的理由。通过对绩效结果的反馈，总结经验，找出绩效计划未能有效达成的原因，为以后更好地完成工作打下基础。

（2）谈行为表现

除了反馈绩效结果以外，下属的行为表现也是面谈的主要内容，如工作态度、工作能力等。与下属充分沟通这些内容可帮助他们更好地完善自己，提高技能。

（3）谈改进措施

绩效管理的最终目的是改善绩效。在面谈过程中，针对下属未能有效完成的绩效计划，主管应该和下属一起分析绩效不佳的原因，并设法帮助下属提出具体的绩效改进措施。

（4）谈新的目标

绩效面谈作为绩效管理流程中的最后环节，最主要的任务就是给下属确定下一阶段的目标，布置下一阶段的工作任务，和下属一起制订新的绩效计划。

对于上级来讲，要站在自己的角度去考虑下级的工作完成情况、工作中所表现出的优点和不足，并从自己掌握的资源和经验分析下级所表现出的不足的原因和可采取的改善措施，其中重要的一点是要准备一定的数据或事例来支撑自己的观点，要让下级清楚地知道自己的优点在哪里，不足在哪里，尤其在不足上不能模糊。

对于下级来讲也要做好准备。比如，对自己在考核周期内的工作进行总结，主要包括工作目标的实现情况、工作中所表现出的优点和不足、对不足的原因分析和改善措施、需要上级提供的资源或帮助等。

由此可见，绩效面谈是领导、管理者或绩效面谈人员针对本期绩效考核结果，通过面谈的方式帮助员工总结经验，找出不足，并与员工共同确定下期绩效目标的过程。通过绩效面谈，可及时对员工提出的问题进行解答，减少沟通障碍，利于实现员工绩效与组织绩效的有效结合。其中最为关键的是，在正式开始绩效面谈之前，面谈的双方——上下级都需要做好相应的准备。

9.3 绩效面谈的准备工作

绩效面谈是绩效管理中非常重要的一个环节，通过绩效面谈实现上级主管和下属之间对于工作情况的沟通和确认，找出工作中的优势及不足，并制订相应的改进方案。为保障绩效面谈的有效展开，在正式进行面谈前，负责绩效考核面谈的主管和被考核的员工都要做好充足的准备。

案例 2

某公司的业务经理毛经理正在办公室，与销售员张兵谈论其上个月的表现，这时另一位销售员小吴匆匆跑来，说接待室有一个电话找毛经理。毛经理匆匆离去，让张兵稍等片刻。于是，张兵坐在会议室里，心情忐忑地回味着毛经理刚才讲过的话。大约过了五分钟，毛经理回到会议室坐下来。

"我们刚才谈到哪儿了？"毛经理显然把话头丢了。张兵只得提醒他说谈到自己今年的奖金了。

"小张，眼光要放长远，不能只盯着一时的利益得失。今年业绩不好，以后会好起来的。你还年轻，很有潜力，好好干会干出成绩来的。"毛经理试图鼓励张兵。

"我该怎样才能把销售业绩做得更好呢？希望经理您能多帮帮我呀！"张兵流露出恳切的眼神。

"做销售要对自己有信心，还要有耐心，慢慢来。想当年我开辟南京市场时，也是花了近一年的时间才有了些成效。那个时候公司规模小，总经理整天带着我们跑市场。现在我们已经有了一定的市场占有率，公司知名度也有所提高，应该讲现在比我们那时候打市场要容易些了。"

张兵正打算就几个具体的问题请教毛经理时，毛经理的手机突然响了，他看了一眼号码，匆忙对张兵说："我要下班接儿子去了，今天的面谈就到这里吧，以后好好干！"说罢他匆匆地离开了会议室，身后留下了一脸困惑的张兵……

为什么这场绩效面谈让被考核者一脸困惑呢？最重要的就是，考核者没有做好面谈准备工作，对绩效面谈不够重视。这是一个在小企业中很常见的典型绩效反馈面谈案例。毛经理对此次绩效反馈面谈准备工作不足，如没有处理完眼前工作和个人私事，没有事先通知其他员工不许打扰，很多决定都是临时做出的，等等。

在绩效面谈过程中，小吴私自闯入，毛经理出去接听大约五分钟的工作电话，使面谈受到第一次干扰；当张兵准备就具体的问题请教毛经理时，毛经理的手机突然响了，这是第二次干扰；在面谈过程中，毛经理也没有准备翔实的员工绩效记录作为证据。这充分说明，毛经理没有为此次绩效反馈面谈事先做好时间安排，准备不足。

在面谈的同时，这些意外、干扰是绝对不允许出现的，而上述案例中来自各方的干扰严重阻碍了面谈的正常进行。因此，为保证面谈的效果，主管和员工都必须有充分的事先准备，尤其是绩效考核的主管人员必须对此高度重视。

准备工作主要集中在三个方面：一是时间的准备；二是地点的安排；三是相关材料和分析的准备。接下来就分别逐一介绍。

（1）面谈时间的选择

选择什么时间，对于绩效面谈非常重要。一般来讲，最好选择双方时间都比较充裕的时候，而且面谈时间要根据这个时间的长短进行调整，避免在该时间段内由于其他安排而耽搁。

在时间的选择上还有一些细节需要注意，如尽量不要安排在上下班的空当。因为这个时间段，双方是最容易走神的时候，难以集中全部精力进入面谈状态。再者，在确定面谈时间时，主管应提前征询员工的意见，这一方面是对员工的尊重，另一方面也便于员工安排好手头的工作。

（2）面谈地点的选择

与时间的选择一样，面谈的场所会影响面谈的效果。原则上应选择受外界干扰最小的、相对封闭的场所。要避免开放的办公区，毕竟开放的场所会使双方谈话时有一定的顾虑，不利于交流和沟通。

常见的面谈地点有以下几种，详见表9-1所列。

不同的面谈地点，其特点各有不同，要根据被考核者的性格、为人处事的方式，以及具体的面谈事项而决定。通常来讲，在以上几个面谈地点中办公室是最可靠的一个，因此下面特地介绍一下以办公室作为面谈地点时应注意的事项。

办公室的灯光不能太刺眼，也不能太昏暗。

▼表9-1 常见的面谈地点

地点	特点	适用范围
办公室	严肃、正式	性格外向，喜欢交际，或者凡有错误、屡教不改的人
自己家中	亲切、平等	增进了解，密切关系
室外	随意	性格内向，敏感多心
公园、酒庄、饭店等非正式场合	非正式面谈	情绪低落，意志消沉

面谈双方的位置要合适，利用桌子的一角，成90度角坐为宜，既能显示出一种友好随意的氛围，也有利于目光交流，避免面对面或并排而坐。

面谈开始后尽可能创造出一种轻松的氛围，否则容易给人造成压迫感，显得不平等。

（3）面谈资料的准备

绩效面谈前，有一个非常重要的准备工作不可忽视，即准备与面谈相关的数据和资料。因为绩效面谈不能仅仅告诉员工一个绩效考核结果，更重要的是要对员工的绩效进行诊断，告诉他们为什么产生这样的绩效，取得的成果在哪儿，失败之处在哪儿，应该如何避免等。

因此，管理者在与员工面谈的时候要充分准备相关资料。例如，上期员工绩效考核表、员工的绩效表现记录、过程中的沟通记录、员工的总结和员工的职位说明书等。

9.4 消除员工的紧张心理

在绩效面谈中，不同的员工具有不同的心态。为确保绩效反馈面谈能够达到预期的效果，在面谈正式开始前，管理者需要分析被考核员工的心态，以便更好地把握，采取合适的面谈策略、交流方式，驾驭整个绩效沟通过程。

那么，被考核员工的心态通常有哪些，以及如何来把握呢？

（1）被考核者常见的心态

心态，是指面谈对象在面谈过程中表现出来的心理现象。这些心理会左右面谈的走向，影响到面谈的效果，这就要求面谈者在面谈之前做好心理准备，对面谈对象在面谈过程中表现出的性格特点、可能发生的状况等各种情形都加以考虑，并制订有效的应对措施。

只有做好了充足的心理准备，绩效面谈的过程才会更加可控，如表9-2所列。

▼表9-2 员工在考核中常呈现的心态

员工类型	心态分析
业绩良好型	骄傲自满。业绩好就应该受到表扬和晋升，对主管提出的批评意见很难接受，并且认为是鸡蛋里挑骨头——专挑毛病
业绩平平型	自我慰藉。我已经尽力了，目标没完成主要是因为环境或他人的影响，没功劳也有苦劳啊，某某还不如我呢
业绩不稳定型	主管就是对我有意见，怎么评价无所谓了，他说我听着就是了

从表9-2中可以看出，被考核者多半是从负面的角度来看问题，有一种自我防卫心理，特别是真正得到主管的负面反馈时，都会表现出典型的自我防卫反应。比如，压抑、自我否定、逃避、反抗，等等。

① 反抗：被主管提出缺点或短处时，生气、反抗，不愿意再沟通。

② 攻击：当下属感受到威胁的气氛，会反射性地攻击对方，或在内心说："你曾经还不是一样……"

③ 自谅：把办不好事情的理由讲出来或在内心列出来，自己原谅自己。

④ 压抑：下属听了批评，把火气或不愉快的事压在心里，逃避，不去想它。

⑤ 否定：如果沟通或批评的内容对自己很不利，便拒绝接受，否定对方的陈述。

⑥ 转移：特别强调比自己还差的人，使主管觉得自己还表现尚可。

⑦ 逃避：沟通时，尽量避免谈到会暴露自己缺点的地方。

⑧ 转换：以生病或心情不佳为由，转移主管视线。

⑨ 抑制：抑制自己的言行举止，在沟通时一言不发。

因此，作为管理者要洞察下属的心理，尤其是自我防卫心理和自我防卫心理的反应，只有了解其自我防卫心理的原因，才能提前准备，因势利导，采取适当的策略，在绩效面谈中营造出适合沟通的、信任且愉快的气氛，以降低下属的恐惧与防卫心理。

（2）多创造与员工沟通的机会

绩效面谈为上下级提供了一个良好的沟通机会，借此，上级可以了解下属工作中的实际情形和困难，并确定公司可以给予下属的协助。

有很多管理人员总会以没有时间为借口拒绝与员工沟通，从而武断地将自己与员工隔绝开来。机会在于积极地发现，积极地创造，当想与员工沟通时必然会把握一切机会。比如，与员工一起共进午餐；利用制订工作目标的机会；策划员工之间的竞争；等等。

9.5 采用正确的面谈方法

9.5.1 分析考核结果

考核结果对绩效改进的促进作用表现在很多方面。比如，薪酬管理、人员升降、公平激励机制的建立，等等。具体见表9-3。

▼表9-3　绩效评估结果在绩效改进方面的具体应用

项目	具体应用
人力资源规划	提供可靠有效的人力资源信息； 清查内部人力资源情况； 预测人员需要
招聘录用	绩效评估结果对员工招聘、录用的参考和检测作用； 企业内部员工选拔对绩效评估结果的依赖
人员升降	以工作分析确定岗位考核能力； 建立科学合理的晋升制度； 纪律处分，降职，调动
薪酬管理	是制订薪酬计划的主要参考标准； 进行绩效奖金、福利发放的依据； 促使薪酬体系更加公平、客观
公平激励机制的建立	区分员工绩效差异； 确定员工工作态度差异； 确定人员待遇差异

绩效改进目标必须建立在评估结果分析的基础上，也就是说，做好绩效改进的前提是分析考核结果。依照在绩效考核中所得出的文字内容或数字结果，去挖掘绩效不佳情况后的更深层次原因，提出绩效改进的意见，从而帮助员工客观

地、有针对地制订绩效改进计划。

那么，如何对绩效结果进行有效、正确的分析呢？这需要从以下3方面入手。

（1）采用正确的方法

绩效分析可以分为两大类：横向比较分析和纵向比较分析。

1）横向比较分析。横向比较分析，是指以客体（人员、部门、公司）为变量，在同一个考核期内，对同一人员的各指标进行比较。这种分析方法是对被考核者本身而言的，可以使其各项工作更为均衡，便于统一指导和协调。同时，在比较过程中，也可以发现评价过程造成的各种误差，以利于及时调整，提高以后的评价工作质量。

2）纵向比较分析。纵向比较分析，是指以客体（人员、部门、公司）为变量，在不同的考核期内，用同一考核指标，对不同的人员进行考核。这种分析方法是以本期考核结果与上期考核结果对比为基准，以找到两次考核结果之间的差距及产生差距的内在原因，以达到有针对性地改进员工（或部门、公司）的绩效。

另外，这种分析方法有多个比较标准，具体如下。

① 单项考核结果平均水平与任一年度比较：即当年的单项考核指标平均值，与上一年度或任一年度的同一考核指标比较，观察其变化情况，有无进步以及进步大小。可以进行全部比较，也可以任选某些指标进行比较。

② 各单项考核结果平均水平与历年变化趋势的比较：以分析单项考核指标平均值的历年变化趋势。

③ 各组考核指标平均水平的比较：某一年度或历年的变化趋势分析，方法同单项指标相同。

（2）明确考核结果分析责任和方法

企业在进行考核结果分析时，应该收集结果数据，制订分析计划，达到准确分析考核结果、分析有据可依的目的。

① 收集、整理考核结果。对考核结果进行收集、整理，包括考核的指标、权重、标准、执行计划等信息，尽量多掌握考核的整个过程及情况，通过考核中的文字和数据材料来分析产生考核结果差异的原因。

② 确定考核结果责任人。由于考核结果是需要承担责任的，因此，在确定被考核员工的考核结果时，应首选择责任人。而且责任人要从熟悉、领导被考核员工的人员中选择，人力资源部门切记不要一把抓，武断地指定某个责任人。

③ 掌握考核结果的分析方法。对考核结果分析方法的选择，应以分析人员能否正确地运用为基础，并且要多列几个备选方法，经过对比选择最适合考核结果的分析方法。

（3）提出改进措施

改进计划应从多个方面切入。比如，改进的主题（切忌太多而无所适从）、目标（标准）、时间、改进方法或措施、资源支持等。

值得注意的是，拟订改进计划要在考核分析结果的基础上，考核人员应对考核的指标进行多维度的分析，对不同指标或同一指标在不同条件、不同时期的考核结果进行分析。以确定单一指标的不足，并在此基础上对考核结果中出现的问题、呈现的不足加以改进，以确定业绩改进的总体目标和措施。

在分析过程中，要分清能力类指标（难以量化的）和业绩类指标（可量化的），两者要区别对待。由于业绩类指标考核结果更客观，且容易得到员工认可，所以，在实践中，需要先对业绩类指标进行分析，找出差距之后，再进行能力类指标分析。这也是业绩改进所必需的前提。

其整体过程是：业绩指标结果分析→业绩差距→能力分析（是能力还是其他原因）→否，进行业绩环境分析（如配合、协作、资源配置等）→是，本期与上期能力对比分析→综合分析，提出改进意见。

9.5.2 肯定员工所取得的成绩

绩效面谈不能只谈缺点，无视优点。在现实生活中，很多管理者一上来就对员工进行一顿狠批，这做得不好、那做得不对，无意中就会使谈话的气氛陷入僵局，员工的心情也会随之变得紧张，情绪低落，这种状态将影响后面的谈话。

案例3

某IT公司销售部员工小宋被其主管销售部张经理请到了二楼会议室。小宋进门时，看见张经理正站在窗户边打电话，脸色不大好看。约五分钟后，张经理匆匆挂了电话说："刚接到公司一个客户的电话……前天人力资源经理找我谈了谈，希望我们销售部能带头实施面谈。我本打算提前通知你，好让你有个思想准备。不过我这几天事情比较多，而且我们平时也常沟通，所以就临时决定今天下午和你聊聊。"

等小宋坐下后，张经理接着说："其实刚才是蚌埠的李总打来的电话，说我们的设备出问题了。他给你打过电话，是吧？"小宋一听，顿时紧张起来："经理，我接到电话后认为他们自己能够解决这个问题的，就没放在心上。"同时，小宋心想：这李总肯定向张经理说我的坏话了！于是变得愈加紧张，脸色也变得很难看。

"不解决客户的问题怎么行呢？现在市场竞争这么激烈，你可不能犯这种低级错误呀！这件事等明天你把它处理好，现在先不谈了。"说着，张经理拿出一张纸，上面有几行手写的字，小宋坐在对面没看清楚。

张经理又接着说："这次的绩效考评结果我想你也早就猜到了，根据你的销售业绩，你今年业绩最差。小宋呀，做市场是需要头脑的，不是每天都出去跑就能跑到业务。你看和你一起进公司的小李，那小伙子多能干，你要向他多学着点儿！"小宋从张经理的目光中先是看到了批评与冷漠，接着又看到了他对小李的欣赏，小宋心里感到了刺痛。

"经理，我今年的业绩不佳，那是有客观原因的。蚌埠、淮南两地的经济落后，产品市场还不成熟，跟江浙地区不能比。为了开拓市场，我可费了很多心血才有这些成绩的。再说了，小李业绩好那是因为……"小宋似乎有满肚子委屈，他还想往下讲却被张经理打断了。

"小宋，你说的客观原因我能理解，可是我无能为力，帮不了你啊！再说，你来得比他们晚。他们在江浙那边已经打下了一片市场，有了良好的基础，我总不能把别人做的市场平白无故地交给你啊。你说呢？"张经理看着小宋无奈地说。

"经理，这么说我今年的奖金倒数了？"小宋变得沮丧起来。

上述案例中，在绩效面谈正式开始之前，张经理提到了客户来电话的事情，言语当中，明显存在着对小宋本人能力的怀疑，但他却没有拿出具有说服力的证据。先是说小宋不能犯"低级错误"，接着说出小宋"没头脑"，这是赤裸裸的破坏性批评；接下来，张经理又拿同事小李与小宋进行对比，犯了面谈的一大忌讳，严重挫伤了小宋的自尊心。

与负面反馈一样，正面反馈虽然相对容易，但也需要技巧，表现在反馈要具体。比如，在哪个领域做出了什么样的业绩，取得了什么样的成果，给企业、团队带来了什么好处，等等。

只有这样的反馈才会更有说服力，使员工接受起来更容易，同时也感受到来自企业、管理者的关怀，从而大大提升绩效面谈的反馈效果。

据此，我们结合事例来分析经理对员工的绩效正面反馈。如某经理对员工王某的绩效正面反馈。

笼统的反馈："王某表现不错，非常敬业，最近连续加班，工作很卖力，辛苦了,接下来好好休息一下,调整调整。"

具体的反馈:"王某,你最近工作很投入,为了编写市场分析报告,连续加了一周的班。现在你的报告在开会之前完成了,而且质量相当高。整个报告思路清楚,框架清晰,结构完整,特别是市场分析和市场展望部分,紧密联系了公司的实际,提出了相当棒的分析思路和解决办法。

而且,在报告中还使用了几个比较实用有效的分析工具,这对我们下一步的市场会议起到了很大的帮助作用。我想这个工作对你个人的发展也是相当有帮助的。最近两天,别闲着,写个总结,提高一下自己。"

第一种说法,会有一些效果,王某会感激经理对他的关心,觉得领导不错,但这种感觉不会持久,过后就忘记了。第二种说法,才是王某期待的。员工愿意听到概括性的表扬,更愿意了解管理者对自己工作上的看法,当管理者对员工工作的具体内容提出了针对性的看法时,员工才会真正受到激励。

在绩效面谈中,正面反馈通常有以下6步。

① 开诚布公地告诉下属,对他的工作做正面评价。

② 及时表扬,发现下属取得了成绩或进步,哪怕是很小的一点点,都要及时对他进行表扬。

③ 具体指出下属做得好的方面,避免未受到表扬的员工心中不服。

④ 表达自己的高兴,让下属知道自己为他的出色工作感到骄傲,知道他的工作给部门带来了收益。

⑤ 沉默片刻,给下属时间体会上级为他而自豪的喜悦心情。

⑥ 鼓励下属再接再厉、继续努力,拍拍肩膀、握握手,表示对他的支持和赞赏。

9.5.3 巧妙指出员工的不足

在绩效面谈中指出员工的不足和缺陷,被称为负面反馈。这种负面反馈是面谈的主要内容,不得不说,而且不可或缺。但大部分人都喜欢听赞美的话,听到自己突出的一面、成功的一面,这是人之本性。事实上,负面的东西也最容易挫伤人的积极性。

那么,绩效面谈的主管人员应如何在这种尴尬谈话中把握平衡呢?如何做到既能让员工认识到自身的不足,又能保证其自尊心、积极性不受伤害?这就需要掌握一定的面谈技巧,以下两大技巧可以借鉴。

(1) BEST法则

关于负面的反馈，业界有一个成熟的模式——BEST法则，核心是在负面反馈的关键词上仅做描述而不做出判断。在进行绩效面谈时可以按照这个法则进行，具体如图9-1所示。

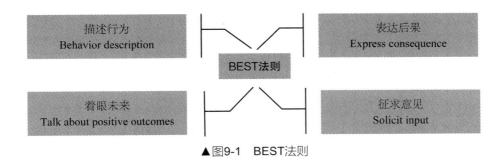

▲图9-1　BEST法则

① 描述行为。明确清楚地告诉员工到底做了些什么，不是简单概括，而是利用实际的例子，用客观和明确的词语来描述行为。

② 表达后果。用平和的语气去表达结果，并询问员工的感觉或观察其反应。

③ 征求意见。询问员工的意见，或提出认为应继续的行为或更改的行为。所提出的建议要具体，并强调是针对个人的行为，而非针对其个性。

④ 着眼未来。向员工指出该行为改变后对未来可能产生的积极效果，以及带来什么好处，并加以积极的鼓励。

我们用一个具体的案例来加以说明。比如，主管发现员工小李给客户的一份产品资料中弄错了数据，于是在面谈中提出了这一问题，很明显这次面谈负面的反馈居多。具体如下：

第一步，描述行为。向员工描述错误行为的事实。——"小李，你做的这份资料里有一个数据错了，这个数据是什么？"

第二步，表达后果。向员工阐述这种行为可能带来的不良后果。——"提交给客户的每一份文件都是客户了解我们的窗口。如果你是客户，你想想看，当你发现该公司给你的资料有错误，你会对这家公司印象如何？"

第三步，征求意见。向员工征求关于改正错误的意见。——"小李，你说该怎么办吧？"

第四步，着眼未来。说明改进措施对公司、个人的好处。——"对！如果我们每个人每时每刻都能这样做，这对公司以及你个人都十分有益。"

（2）汉堡原理

汉堡原理（Hamburger Approach），是指在进行绩效面谈的时候，按照鼓励、指出问题、肯定支持的步骤进行的方式。

汉堡原理一般按以下步骤进行。

① 先表扬特定的成就，给予真心的鼓励；

② 然后指出需要改进的"特定"的行为表现；

③ 最后以肯定和支持结束绩效面谈。

例如，"小王，上一绩效周期内，你在培训计划编制、培训工作组织、培训档案管理……做得不错，不但按照考核标准完成了工作，而且还做了不少创新，比如在××工作中提出了××建议，这些建议对我们公司的培训管理起到了很大的帮助作用，值得提倡……前面我们谈的是你在工作中表现好的方面，这些成绩要继续发扬。"

"另外，我在对你的考核中也发现了一些需要改进的地方。比如，培训效果评估，这项工作一直是我们公司的难点，以前做得不好，你的工作中也存在这个问题，如很多培训没有做效果评估，有的培训做了评估，但都停留在表面，这样就容易使培训流于形式，不利于员工素质的提升。我想听听你对这个问题的看法。"

"我是这么想的，培训效果评估……"

"嗯，不错，我同意你对这个问题的想法，那么我们把它列入你的改进计划，好吗？"

汉堡原理的作用在于提醒管理者，绩效面谈的作用在于帮助员工改善绩效，而不是抓住员工的错误和不足不放。因此，表扬优点，指出不足，然后肯定和支持，才是最佳的面谈路线，值得学习。

绩效面谈是管理者和员工双方探讨工作的机会。帮助员工改善绩效是管理者的职责所在，绩效面谈是达成这一目的的必经之路。所以，管理者应该重视这项工作，因为它是管理者和员工的共同利益所在！

● 9.5.4　多听少说，找出问题

绩效面谈是考核者与被考核者之间一个双向沟通的过程。在很多时候，主管考核的人则把它变成了自己单方面的训导。而被考核员工也很大程度上习惯了依赖他们对自己的评价，从主管考核的人的评价中获得对自我的肯定。

面谈中，主管考核的人要把主动权交到被考核员工手中，自己则更多地充当一个忠实的倾听者，对员工进行适当的引导和鼓励。那么，具体该如何做呢？

（1）注意倾听

面谈中，很多考核主管人员常犯的一个错误就是总在不停地说。其实，这是不对的。绩效面谈是个互动的过程，你必须学会倾听；善于从谈话中获取更多有用的信息。因此，在面谈中，尤其是面谈初期，必须给员工充分的时间来表达，自己则认真倾听。当然了，这里的倾听并不是保持缄默，而是让双方互动起来。

（2）适当地做记录

在面谈中会涉及很多问题，而且很多问题是无法现场解决的，因此，适当地做记录也是非常必要的。然而，有很多主管人员不做记录，面谈时间稍一长或者连续与几个员工交谈之后就开始犯糊涂。如果问他最初谈论的是什么，他可能已经不能完全回忆得起来。这样的面谈又有何效果呢？绩效面谈记录如表9-4所列。

▼表9-4　绩效面谈记录表

部门：		岗位：	
被考核人姓名：	职务：	考核人姓名：	职务：
绩效面谈项目			
上一考核期的绩效结果			
上一考核期绩效突出的方面			
工作中需要改善的地方			
是否需要接受一定的培训			
本人认为自己的工作在本部门和全公司中处于什么状况			
对考核有什么意见			
希望从公司得到怎样的帮助			
下一步工作计划和绩效改进计划			
面谈人签名：		日期：	
备注：			

（3）不要妄下评论

在面谈中，当出现不同意见、对立或冲突时，很多主管人员惯用的方法就是妄下结论，把自己的思想、观点强加给对方，或者用领导者的权威、权力迫使对方让步，这样很难取得员工的认可。正确的做法是，就存在的不同见解、观点做出解释，正确的观点多争取员工的理解，错误的观点要勇于承认，及时纠正。同时，也要兼顾员工的利益，多站在员工的角度去考虑问题，灵活处理。

（4）以积极的方式结束面谈

一个成功的面谈不但要有个好的开始，还要有个好的结束。为此，除了在面谈中能让员工畅所欲言、一吐为快外，在结束时也要尽量给员工一个积极的、令人振奋的信号。比如，对比较满意的地方提出表扬，对尚未解决的问题做出承诺，或说一些互帮互助的话，让员工满意而去，而不是心存怨言。

9.6 帮助员工解决问题

出了问题后，大部分普通员工只能认识到问题，但无法找到问题的症结所在。这时就需要管理者去善于诊断，通过诊断来分析问题、解决问题，诊断正确，业绩自然也就上来了。

所谓绩效诊断，是指分析引起各种绩效问题的原因，通过沟通寻求支持与了解的过程。绩效诊断的作用在于帮助员工制订绩效改善计划，作为上一循环的结束和下一循环的开始，连接着整个绩效管理的循环，使之不断循环上升。想要彻底解决绩效不佳的问题，最好的办法就是进行绩效诊断。诊断是绩效改进的第一步。如何诊断工作中存在的问题，并制订相应的改进措施，帮助员工成长呢？这里会涉及一些诊断工具，现在简单介绍一下。

（1）四要素法

知识、技能、态度和外部环境是影响员工绩效的四大主要因素，也是绩效评估的4个主要方面。一般而言，导致员工绩效差的原因也可从这4个方面去判断，寻找解决办法。这种方法通常被称为"四要素法"，如图9-2所示。

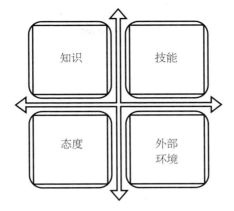

▲图9-2 影响员工绩效的四大主要因素

下面就从这4个方面对员工的绩效进行诊断。

在诊断中，如果发现是"知识"和"技能"方面的问题，可采用"发展策略"进行改善，如组织在职培训、导师带徒、岗位练兵、岗位竞赛等；如果是"态度"和"外部环境"的问题，则应该用"管理策略"进行解决。比如，加强思想道德教育和企业文化建设，增强员工的责任感、企业荣辱感。态度是一个主观性非常强的因素，态度问题不解决，预期的变化就不可能发生，必须在解决其他问题之前解决态度问题。

如果是外部环境方面的问题，首先应该最大限度地排除，或尽量减少其影响。然后寻求更高层领导的支持，评价者应该在与被评价者的讨论中，对解决问题的方法达成一致。

（2）三要素法

在绩效诊断中还有一个非常重要的方法：三要素法。这种方法与上一种方法最大的不同在于，诊断的对象不同。四要素法是针对被考核者本身而言，而三要素法不但针对被考核者，而且还针对考核者、工作本身，如图9-3所示。

▲图9-3 绩效诊断的三要素法

比如,绩效考核人员本身是否合格,绩效考核制度、方案是否科学,所做的工作难度大小等,都要进行综合考虑。从这一点看,绩效诊断的三要素法更全面、更合理。

做好考核工作并不难,难就难在企业领导、管理者能不能抓住问题的要害。人、制度、问题,这三个要素被称为影响考核的核心。处理好这三个问题,可以说绩效考核就成功了一半。接下来,分别对这三要素进行详细阐述,说明其与绩效诊断之间的联系。

① 要选对人。如果负责考核的人是一个圆滑分子的话,那么这个企业的考核注定是不会有成效的,最终要么流于形式,要么夭折。

负责绩效考核的这个人必须有足够的工作能力,同时还需要手握一定的权力,对考核内的大部分事情有决断权和自主处理权。只有这样,考核工作开展起来才能顺利。同时,这个人要有较高的综合素养,正直、无私、有魄力,处理事情时坚持原则,对事不对人,对所有企业成员一视同仁,能做到公平、公正、公开,能树立起在考核中的权威。一般来讲,最佳人选为员工的直接上司、企业副总。

② 制订完善的制度。人选好了,接下来就是根据什么标准去考核的问题了。标准就是制度,企业所有的考核标准都依赖于制度的完善。这就需要企业制订相对完善的规章制度,同时根据这些制度标准制订各级绩效目标,无论是高层、中层管理人员,还是基层员工等,都要有相应的目标。比如,对行政副总的考核,就需要根据总裁的岗位要求、行政职责来制订其考核标准。

另外,在制订标准时,要注意广泛征求多方的意见,尤其是在目标分解、每一项的分值权重的设置上,必须进行多次讨论,采取最适合的方案。当然,在运行过程中还需要对标准制度进行完善。

③ 对问题的处理方式。在绩效诊断上,还有一个需要注意的就是,对问题的处理方式,即对日常考核中发现的问题如何去处理。不同的问题解决方法不同,即使是同一问题,因出现的频率、时机不同,采取的处理方法也不同。这就是要求考核人员的综合素养要高的原因。

一般来讲,对于出现的问题既要合理处理,又要坚持公平、公正、公开的原则。一方面,要对负责该问题的中高层进行考核;另一方面,要努力协助、协调解决问题,寻找解决问题的最佳方法和途径。

如果真的能把这三个因素抓住了,绩效考核必定会为企业发展提供新的动力。

不同的人做同一项工作,在不同的环境下,不同的考核体系中,其结果也是不同的。作为管理者，如果想具备高超的诊断问题的技能，想使评估结果更准确，就需要从多个角度去诊断、分析，找出问题的关键。

9.7 广开言路，鼓励反馈

主管绩效考核的人员在考核下属时，除了参考上级、平级的结果和看法外，还要多征求员工自己的意见，也许会得到不一样的结论。这对于绩效考核方式的多样性，绩效结果的公平、公正有着非同一般的意义。从短期效果来讲，这是对员工的一种尊重，更有利于激发员工的工作积极性；从长远来讲，这有利于企业绩效考核制度体系的建立和完善。

绩效面谈的目的就是借助全体员工的智慧来使绩效有个共同的提高。因此，管理者在与员工进行绩效面谈时，必须给每一位员工充分发言的机会，动员所有的人积极参与、主动参与，以更好地发挥每位员工的作用。

很多时候，员工寄希望于老板的，不只是薪资的提升、职位的升迁，或者是对物质生活上的满足，他们更希望得到精神上的平等，人格上的尊重，上级广开言路，倾听和接纳自己的意见与建议。

案例 4

某经理新接手一个公司的工作，全面负责整个公司的管理工作。他发现销售部门的业绩常常无法达到预期目标，经常出现不得不降低销售标准的现象。

就这个问题，该经理与销售部门的经理、主管以及其他销售骨干进行了面谈，深入了解了存在的问题，并在大会上把这些问题明确地提出来，和大家一起商量应怎么解决。

这次座谈会，他不但召集了销售部门的人员参加，还邀请了其他部门的人员参加，如服务部、财务部等。他认为业绩之所以没有一个明显的突破，并不是某个部门或某个人的责任，而是整体合作上出现了问题。

他的这一举动打破了以往仅仅在销售部门内部讨论的局限，从而极大地激励了大家。所有人都认为有了施展自己的机会，在会上积极发言，献计献策。销售部门重点提出了销售计划的调整、销售策略的改变等建议；服务部门也提出建议，希望用服务弥补销售上的一些不足；财务部门也提出，怎样在费用上削减；等等。

座谈会给高管敲响了警钟，对于公司绩效管理体系中存在的弊端必须要重视。经过短短两个月的调整，该公司终于有了起色，销售业绩得到了大大改善。

如果一个员工只有干活的义务，没有说话的权利，那就糟糕了。久而久之，下面的人就会感到不被重视，首先是情感上受到极大挫伤，郁郁寡欢，工作也感到索然无味，丧失主观能动性。

作为企业领导、部门管理者，要如案例中的这位经理一样，必须适时地创造一些条件，开辟一些渠道，让员工把要说的话说出来，也只有让所有的员工都能够畅所欲言才能实现共同提高。

（1）完善员工绩效申诉系统

为了使绩效面谈更公开、更透明，很多企业建立了员工绩效申诉系统，目的就是给员工提供一个充分发表意见的通道。绩效申诉系统，即当被考核者对考核结果或者面谈结果有异议时，有权利向考核人员、面谈人员或部门提出申诉，以得到更公正的结果。

例如，摩托罗拉公司，在绩效制度建设上非常完善，不但有科学合理的绩效考核制度，同时，还辅以供员工申张权利的申诉制度。为处理员工的绩效申诉，摩托罗拉公司在人力资源管理部专门成立了一个部门，直接负责处理员工的投诉事务，如表9-5所列。

▼表9-5　员工考核绩效申诉表

申诉人		部门		申诉时间	
申诉内容及其依据	申诉内容				
	申诉依据				
调查情况及其协调结果	调查情况				
	协调结果				
所属部门负责人签字：		申诉人签字：		人力资源部签字：	

这种处理机制强调通过"直接或开放"的沟通方式，以确保直接、合法、及时、公平和有效地处理员工的各种问题，其中也包括与绩效考核有关的问题。其作用主要表现在以下3个方面。

① 允许员工对绩效考评的结果提出异议，他们可以就自己关心的事件发表意见和看法；

② 给考核者一定的约束和压力，使他们慎重从事，在考核中更加重视对信息的采集和证据的获取；

③ 减少矛盾和冲突，防患于未然，尽量减少不利的影响。

建立绩效申诉系统，是完善绩效管理制度中非常重要的一环，也是确保员工合法权益必不可少的一步。

（2）建立多种形式的反馈机制

为鼓励员工最大范围地参与绩效考核，企业应尽一切可能创造条件，综合利用各种形式，广开言路。八仙过海，各显神通，不拘泥于形式，哪种方式便利就采用哪种。比如，传统上的意见箱、投诉信等，新兴的互联网形式的电子邮箱、QQ、微信等。

另外，还可以开辟新的会议模式实现现场交流。比如，视频会议，可实现上下级的随时沟通，减少传统开会模式的限制和各种条条框框的约束。相关部门的引导也不可或缺，管理部门在前期收集的班组动态、员工意见等，这些幕后工作也同样关键。

总之，要在现有的条件下尽其所能，开动脑筋，敢于创新，既要照顾到老员工又要迎合年轻的员工。约束限制少了，参与关注的人自然就多了。

每个管理者都希望在自己的企业、自己的团队中营造一种"人和"的氛围，和气生财，大家共同努力把业绩搞上去。但事与愿违，很多时候想法不错，效果则不好。原因在于做法不可取。很多人所谓的"人和"，是指员工不吵不闹，没有反对意见，开会一致通过。作为一个管理者，当他不愿意看到员工提意见、不愿意看到员工因某个问题与自己产生分歧时，那已经说明他是个不合格的管理者，绩效管理也很难取得突破。

第10章

绩效监督跟进，找出美中不足

绩效管理是个循环的过程，
是连接绩效考核和下一循环计划目标制订的关键环节。
绩效考核的目的不仅仅是作为确定员工薪酬、奖惩、晋升或降级的标准，
还是为了员工能力的不断提高以及绩效的持续改进，后者才是其根本目的，
而实现这一目的的途径就是绩效监督跟进。

10.1 结合存在的问题,制订具体改进方法

经过绩效面谈,明确了存在的绩效问题,据此制订绩效改进目标之后,就应该想办法去实施。在实施时需要借助相应的绩效改进工具,制订适当的绩效改进方法。

绩效改进,是指确认工作绩效的不足和差距,查明产生的原因,制订并实施有针对性的改进计划和策略,不断提高竞争优势的过程,简单来说,就是指采取一系列行动提高员工的能力和绩效。

工欲善其事,必先利其器。绩效改进的方法从哪里来呢?最直接、最简单的方法就是综合考核指标,根据公司或部门的实际情况去提取。

案例 1

一家大型制药企业,是国家重点扶持单位。为提高运营效率,国家在资金、政策上何其倾斜。公司高层也十分重视内部管理,充分利用各种资源来提升管理水平。比如,引进先进的管理理念和经验等。

经过多年努力,管理的规范化、制度化水平有了明显提高。但政策终归是政策、制度终归是制度,尽管上面口号喊得很响亮,下面的执行依然存在很多问题。集中反映在以下4方面。

① 职权不清晰,越权指挥现象严重;

② 工作重点不突出,很多事务性工作占用了高管的大量时间;

③ 公司流程管理不顺畅,工作责任界定不明确,部门之间、岗位之间的工作互相推诿;

④ 计划性不强,高管必须处理许多临时性工作,严重影响工作效率。

在对问题进行深入分析后发现,工作推诿并不是由员工的态度问题,而是由很多工作分工不明晰、部门职能重复所致,结果造成了工作大量重复、衔接不紧、流程混乱。

职责不清就无法制订合理的工作目标和考核指标,造成工作重点不明确,直接影响到公司的整体绩效。

解决这个问题最有效的方法是,建立一套基于平衡计分卡的关键业绩指标体系(KPI)。

对此,项目组同董事会进行了长达一个月的讨论,先让各部门提取指标,然后通过会议讨论确认。项目组先下发让各部门提取关键业绩指标的通知,并就指标的提取方法、原则和要求做了详细说明。与此同时,项目组内部也进行了细致

周密的准备。为了能更好地指导各部门提取指标,项目组分别从价值链的角度和部门职能的角度认真分析了客户的每一个管理环节,通过集体讨论提取了一套完整的关键业绩指标。

经过近一个月的准备,公司召开了经营与计划会议,集中讨论了所有关键业绩指标的改进计划。

该公司正是利用KPI指标对绩效进行改进,实现了绩效管理与企业管理的高度统一。这充分说明,在绩效改进时合理地运用KPI考核指标是必不可少的。

KPI是基于平衡计分卡原理的一种企业战略管理和战略实施的工具,它能够将企业所希望达到的战略目标转换成企业日常经营管理的目标,使企业的短期经营计划和企业的战略目标保持最大限度的统一,以提高企业的长期竞争力。

通常来讲,平衡计分卡包括4类指标:财务指标、顾客指标、业务流程指标、学习与成长指标。财务指标,是反映企业财务绩效的指标,核心问题是企业怎样满足股东;顾客指标,是反映企业满足顾客需求程度的指标,核心问题是顾客如何看企业;业务流程指标,是反映企业内部运营效率和流程的指标,核心问题是企业必须擅长什么;学习与成长指标,是反映内部员工发展的指标,核心问题是企业能否继续提高并创造价值。

鉴于此,关键业绩指标也是从这4个方面提取,以保证指标体系能够全面反映企业管理和业务运作的总体情况,还能明确各部门的工作目标和工作重点。

为保证所提取的指标能够全面、客观地反映企业管理现状和业务运作情况,在提取时应遵循一定的原则,如表10-1所列。

▼表10-1 提取指标应遵循的原则

公司级指标提取原则	部门级指标提取原则
必须体现公司的工作重点和关键管理问题	部门指标能有效支持公司指标的实现
适应企业现在的发展阶段和特点	部门指标要体现部门的工作重点
具体的可以清晰定义其内容	应反映部门大部分管理功能
指标完成的标准必须具有可衡量性	指标的完成标准必须可以衡量
指标体系应当涵盖公司运营的主要方面	部门指标须考虑关键流程的上下游环节

绩效管理是一个循环的过程，通常包括绩效计划、绩效实施、绩效考评和绩效改进4个流程。绩效改进是最后一个流程，也是一个新循环的开始，因此所用方法与考评环节的方法有异曲同工之处，只不过所处的阶段不同，发挥的作用也有所不同而已。

从这个角度来看，在制订绩效改进方法时，完全可以采用我们熟知的那些考核指标。比如，KPI（关键绩效指标）、BSC（平衡计分卡）、排序法、强制正态分布法、要素评价法、目标考核法，等等。这些方法与绩效考核环节所用的方法是一致的。

除此之外，这里还要向大家介绍两个业内公认的工具：标杆超越和六西格玛。

（1）标杆超越

标杆超越，是经过与行业中先进企业行为的对比分析而得出一个正确的结果，然后用作对本企业的产品、服务等进行改进和变革，使之变得更好的一个系统过程。

这种方法是美国施乐公司首创的，于20世纪70年代末开始在西方一些企业实践。标杆超越由标杆和超越两个基本阶段构成，这两个阶段又可以具体细化为以下5个步骤。

① 确定对比领域或对象；
② 选择标杆超越的榜样；
③ 明确自身的现状；
④ 明确榜样是最优的；
⑤ 确定并实施改进方案。

（2）六西格玛

六西格玛，是一种改善企业质量流程管理技术，以"零缺陷"的完美操作，带动企业成本的降低，实现企业竞争力突破的方法。这种管理理念在绩效考核中的运用极为广泛，是指标量化的理论基础，通过对输入数据的分析，来改善输出变量的特性。

从概念中可以看出，其核心是建立输入变量和输出变量之间的数学模型。其管理思想是，以数据为基础，通过数据揭示问题，并把揭示的问题引入统计概念中去，再运用统计方法提出解决问题的方案。

六西格玛主要运用在产品质量测量和流程改进两个方面，按"定义、度量、分析、改进、控制"5个步骤，应用数理统计来衡量价值流的每一个过程和工序,并加以改进和完善,达到取得理想结果的目的。

KPI、标杆超越、六西格玛都是企业绩效改进的主要工具,三者各有优势,企业在运用时应结合各方面的情况综合考虑分析,制订正确的改进策略。

10.2 绩效分析,协助员工绩效改进

绩效改进的核心是员工,其从制订到执行都需要员工自己彻彻底底地行动起来。因此,改进的效果如何关键要看员工的决心。

经常有很多员工说"我害怕做这份工作""我完成不了那个任务"。当问他什么原因时又说不清,反正就是害怕。心里对工作、对目标任务有畏惧感就是自信心不足,有时候员工害怕的是根本不存在的东西;没有信心就没有做事的动力。作为管理人员必须让员工说出来,只有员工具体地说出来他们害怕的原因,才能增加绩效改进的决心。

一份完整的绩效计划需要管理人员和员工共同来完成,甚至在执行的过程中,管理人员要提供给员工必要的帮助。

管理人员对员工的帮助必须是全方位的,主要体现在以下5个方面。

(1) 帮助员工进行岗位分析

根据考核目的对被考核者的岗位职责、工作内容、性质,以及完成这些工作所需要的援助条件等,进行充分的研究和分析,从而让被考核者明确在该岗位工作上所应达到的目标,以及应采取正确的工作方式等。

(2) 帮助员工进行工作流程分析

绩效考核必须在流程中去把握,一般是根据被考核对象在流程中所扮演的角色、承担的责任,以及同其他环节之间的关系,综合确定采用什么考核方法、使用什么衡量指标。为了获得更好的考核效果,管理者需要帮助员工进行工作流程的梳理,必要时对流程进行优化或重组。

(3) 帮助员工完善绩效改进计划内容

帮助员工制订出切实可行的绩效改进计划,以及绩效考核的主要工作内容。那么,绩效改进计划又包含哪些内容呢?如图10-1所示。

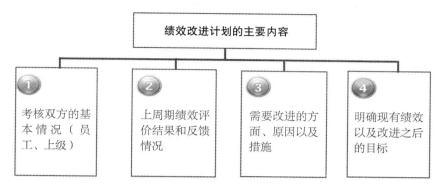

▲图10-1 绩效改进计划的主要内容

（4）修订计划

为了让指标更趋合理，需要对确定的指标进行修订。修订方式一般分为两种。一种为考核前修订，即通过专门人员的实地调查，将所确定的指标提交给领导、专家，或者咨询顾问审核，征求其意见，根据提出的意见进行必要的修改、补充和完善。另一种为考核后修订，是根据考核及考核结果应用之后的效果等情况进行修订，使考核指标体系更加完美和完善。

（5）帮助员工多快好省地考核，提高效率

员工与主管人员根据未来的工作目标的要求，在工作能力、方法或工作习惯等有待改进的方面，选取目前最为迫切需要改进且易改进的方面作为个人未来一定时期内将要发展的项目。

10.3 列出发展所需，保证绩效改进顺利执行

要彻底落实绩效改进计划，必须有资源支持。比如，学习时间的保证、培训机会的提供、硬件设备的配备，等等。就大部分企业来讲，这些资源的获得依赖于与员工联系最为紧密的直接上司或主管人员。因此，上司或主管人员在辅助员工绩效改进工作时，要统筹安排，尽量为员工绩效的改进提供便利，创造良好的环境。

为保证绩效改进计划的顺利进行，主管人员要做好每位员工的协作工作，针对其考核前后的实际情况，列出有待完善的地方、希望达到何种水平，以及所需要的资助，并就需要提供的资源切实可行地去执行。

> **案例 2**
>
> 德邦物流是一家大型综合型物流公司，业务遍及全国各大主要城市。24岁的熊某，2年前来到德邦做搬运工，后来转做快递员，如今已经是上海某营业部经理，手下有13名员工。
>
> 他做梦都没想到自己居然能跻身企业的管理层，这完全得益于公司完善的人才培养机制和晋升制度。针对基层员工业绩差的问题，德邦物流管理层意识到工作技能是提高业绩的关键，但欲提高技能，必须先开展技能培训。在多方筹措下，专门负责对基层员工进行技能培训的培训中心终于成立了，并直接隶属于人力资源管理部门。
>
> 每年度，人力资源部门都会制订一系列的培训计划，如年度、季度、月度培训计划，以及其他日常培训计划。为确保计划的执行，甚至将其写进了公司《人员培训制度》中，并做出明确规定：培训中心由总部经理监督，各部门责任人直接负责。
>
> 下设18个培训中心，各个培训中心都确定具体的负责人，各个培训中心在当年12月初根据本部门下一年度的经营方针、目标和工作需要自行编制培训计划，并于12月中旬报至人力资源部培训中心；培训中心审核、汇总，同时制订更详细、更高级别的培训计划；报总经理审批，然后执行。
>
> 在这一中心的大力支持下，该企业很多实际、实用、实效的培训计划出炉，员工的业绩也得到了稳步提高。同时，公司的培训工作也逐步规范化、制度化。

这个案例说明，实施绩效改进计划，表面上是员工的事情，毕竟是由员工来执行，其实大部分主动权仍掌握在管理者手中。就像案例中体现的那样，在员工执行过程中，相关领导、责任人要尽可能最大限度地提供便利条件，进行必要辅导，这既是对员工利益的一种维护，也是企业发展的需要。

古代战争中都讲究"天时、地利、人和"，员工绩效改进计划的实施也需要得到诸多资源的支持，包括内部的和外部的，而这些资源的获取直接来源于企业管理者（直接上司）的指导和辅助。

那么，绩效考核人员应该如何为员工提供必要的帮助呢？通常有3种情况，也就是说，在以下3种情况中应对员工给予必要的指导和帮助。

（1）被考核者缺乏技能时

绩效有一个计算公式，如下：

$$P = F(SOME)$$

公式中，P为绩效；S为技能；O为机会；M为激励；E为工作条件；F为函数的简写，表示一个表达式。

此式说明，技能是影响绩效的第一大要素。

当员工因能力问题（工作技能不足）难以完成上司交代的任务时，就应该对其进行必要的辅导或训练。主管在制订辅导与训练计划时应具体一些，如谁来负责、何时完成等。

（2）工作环境有问题时

当员工置身于某个工作环境中，势必会受到所处工作环境的影响，其中工作绩效是被影响的一个重要方面。

工作环境，是指直接或间接地影响员工工作绩效的各种影响因素的总和，包括有形的、无形的、内部的、社会的等。工作绩效与环境是相互依存、相互促进的关系。环境好，绩效则好；环境差，绩效则差。

绩效同时受技能、激励、机会与环境多种因素的影响。在其他因素保持不变的情况下，绩效与环境成正比，也就是说，工作环境的改善将促进工作绩效。因此，当工作环境不利于员工的绩效改进时，就要尽快改变环境，优化环境，使之符合工作的要求。

（3）绩效考核标准不够明确时

考核标准不明确，或者出现错误，最直接的反映就是影响工作效率，员工业绩下降。当发现员工某项工作接连不断出现问题，或者持续表现不佳，或在某一级的工作中，过多的人出现绩效问题时，主管人员就应该考虑是否是指标出现了问题。这时就应把自己的想法和要求向员工说清楚，然后进一步完善考核计划。

绩效考核标准不够明确，还有一种常见的情况是，主管对员工绩效的反应不当，或者间隔太久，或者不够具体，或者太迟，而没能以建设性的方式每天不断地引导员工朝好的绩效迈进。

10.4 多形式监督跟进，保证绩效改进计划效果

绩效改进计划是管理者和员工双方沟通的结果，这不仅仅体现在前期的制订阶段，更重要的还体现在后期的执行阶段。正是在管理者的不断帮助之下，员工才能时刻认识到自己哪方面做得好，哪方面做得不够好，绩效改进才能有条不紊地进行下去。

绩效改进计划的实施需要及时跟进，对被考核者的执行情况进行监督。同样，员工改进计划的实施也要有人去监督、去跟进，尤其是员工在遇到客观因素造成的困难时，作为计划的制订者、参与者或管理者是最好的解围人。

案例3

康宏公司是一家极具实力的公司,但绩效管理工作做得并不好。很多时候都是有考核没反馈,有问题没改进,尤其是一些基层员工对考核结果往往只停留在被动地接受上,而不会主动针对问题去改进、去提高。因此,绩效改进计划就成了一张白纸,有不少员工产生敌对情绪,甚至有的主动要求辞职走人。

根据这种情况,人力资源部制订了一套全新的办法:非惩罚性处分。这种方法要求个人承担责任和决策,倡导责任和尊重。管理层还大胆进行改革——取消最严重的处分——无薪解雇,取而代之的是带薪停职处分。

具体执行方法为:员工考核不合格后,通知其将被停职,而且必须在停职日结束之前做出改进的决定,解决当前问题,在各方面工作中达到令人满意的表现。公司承担这段时期的工资,以表示希望看到员工改正并留下来的诚意。

这项措施将主动权完全交到了员工自己手里,相当于放松了惩罚的政策,给未达标员工营造一个更为宽松的改进环境。让他们看到,解决问题带来的正面影响比后果大很多,收益远远大于风险,这样员工才可能放下包袱去做事,绩效才会改善。

将无薪解雇改为带薪停职,这是个大胆的想法,表面上看会增加企业的运营成本。但从长远来讲,还是利大于弊,这会大大激发员工工作的积极性和责任心,从根本上提高绩效业绩,完善绩效管理体系。

绩效改进的根本目的在于对员工绩效计划的实施进行有效管理,贯穿计划实施的整个过程,以确保及时发现问题、解决问题,以免留有后患;能够前瞻性地发现问题,并在问题出现之前得以解决,从而达到绩效的进步和提高。

通常来说,在监督跟进时需要了解的4个内容如图10-2所示。

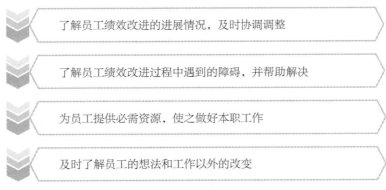

▲图10-2 监督跟进需要了解的4个内容

在监督跟进过程中也要有必要的沟通，如就某个问题展开讨论，进行辅导等。常见的沟通形式有以下6种。

（1）书面报告

书面报告，是一种非常正式的绩效沟通方式，也是绩效沟通最有效、最稳固的一条途径。书面报告，是指被考核者以文字、图表等形式向考核主管人员，通常是自己的直接上司定期汇报工作进展情况、在工作中遇到的问题以及所需的支持等。

这种沟通形式最大的优势在于，不需要面对面的交流，从而很少受到人为因素的影响，大大拓宽了交流范围，同时也不会受到时间和空间的限制，尤其当员工和考核人员身处异地时，其优势更为明显。其劣势在于，书面报告互动性较差，大都限于信息的单向流动，不容易使沟通效果马上显现出来。

（2）会议沟通

会议沟通也是一种比较正式的沟通形式，而且出于团队沟通的需要，是大多数企业惯用的一种方式。会议沟通的优势表现在考核主管人员和被考核者可以集思广益，多人参与，充分地实现互动，从而使得交流更深入、更彻底。

值得注意的是，会议沟通操作性不强，很难随时随地展开，因此运用这种方式还需要掌握以下必要技巧。

① 营造开放式的沟通氛围。让与会者充分自由地发表观点，而不是上来便确定地说"今天主要谈什么""不谈什么"，一旦这样，很有可能引起员工的紧张或者反感，这样小组讨论的目的就有可能达不到。

② 一次只讨论一个主题。

③ 针对不同的员工召开不同的会议。

④ 合理安排时间，以不影响正常的工作为宜。

⑤ 做好、整理交流记录。

（3）一对一面谈

一对一面谈，与前两种沟通形式相比就显得随意得多，它是一种仅限于单独面谈的改进方式，针对性更强。优势在于，可以使绩效考核主管人员与被考核者就个人问题展开沟通，面谈的信息大都限于两个人之间的互动。比如，一些不宜在公众场合谈论的问题。

这种面谈方式，会给被考核者一种被尊重和被重视的感觉，更容易建立双方之间的融洽关系，提高绩效改进效果。这种方法唯一的不足之处，是考核主管人员要根据被考核者的工作实际情况和现状，因人而异地制订相应的沟通策略，从而有针对性地提供帮助，以找到解决问题的途径。

（4）对以往的数据进行整理、分析

根据已掌握的被考核者的信息，对其进行分析，可以是小组讨论，也可以是个人进行，最重要的是要用权威资料、数据说话，以达到很强的说服效果，否则员工不会接受，可能觉得管理者的某种说法或者做法是违背过去的经验、惯例、做法的。但是有了一些以往的数据，企业的谈话就更有说服力了。

（5）在QQ、E-mail等社交平台上进行非正式沟通

非正式沟通往往会比约谈、会议等正式沟通更容易取得好的效果。非正式沟通语言表达得更加淋漓尽致。注意在沟通过程中，只谈对方的事，不要涉及第三人，尤其在用文字进行沟通过程中要特别注意，否则有可能成为证据，留下把柄，自讨麻烦。

（6）利用信赖的中间人

这种沟通形式适用于特定的绩效面谈，如某个员工绩效考核结果不佳，可以找一个值得信赖的中间人去跟当事人沟通。需要注意的是，这个中间人的选择很重要，不能是个挑拨离间的人，要选比较正直、较有说服力、德高望重的人，这是企业选择中间人的一个标准。有时候，选择中间人去沟通，比管理者本身去沟通效果更好。

附录1 绩效考核常用考核表模板

附录1.1 绩效管理制度

绩效管理制度是约束与规范绩效管理工作的文件,目的是实现公司科学、公正、务实的绩效管理,提高公司人才竞争力,保证预期目标顺利达成。因此,绩效管理制度被认为是企业绩效管理体系中的纲领性文件,是构成绩效管理体系不可缺少的组成部分,是开展人力资源管理工作的保障。

附表1-1是×××公司绩效管理制度模板,以此为例进行示范,便于绩效考核人员参考如何制订科学、合理的绩效管理制度(模板仅供参考)。

▼附表1-1 绩效管理制度模板

制度名称	×××公司绩效管理制度	编号	
		执行部门	

×××公司绩效管理制度
第1章 总则

第1条 目的

为了客观、公正地评价员工工作业绩与综合素质,激励员工的积极性和创造性,提高公司的绩效管理水平,建设公司以绩效为导向的企业文化,保持员工与企业的可持续发展,特制订本制度。

第2条 适用范围

本制度适用于公司所有员工和所有绩效管理项目。但以下人员不包括在内。

1. 公司总经理。
2. 因公休、请假等原因,考核期间出勤率不足20%的员工。
3. 试用期员工、实习人员、临时工。

第3条 绩效管理原则

1. 战略性原则:绩效管理要配合公司的战略管理和经营目标。
2. 可行性原则:绩效方案一定要可行、可操作,不能使绩效管理流于形式。
3. 客观性原则:绩效管理一定要客观公正,避免掺杂任何个人主观因素。
4. 双向沟通原则:绩效管理中考核者与被考核者要进行双向沟通。

第2章 绩效计划与指标体系的制订

第4条 每年11月底,总经理确定公司下年经营战略及年度目标,并在会议上发布,各部门根据公司目标及战略确定部门目标,于12月10日之前报送考核委员会,由考核委员会报送总经理审批。

第5条 部门负责人与部门员工充分沟通,根据部门目标与员工岗位说明书,与员工一起制订目标,确定绩效计划。

续表

制度名称	×××公司绩效管理制度	编号	
		执行部门	

第6条 指标体系包括公司指标体系、部门指标体系、员工指标体系，指标体系的建立应结合公司战略计划与岗位说明书，既有业绩指标又含行为指标。

第7条 做好计划与指标体系后要进行辅导实施，与员工进行充分的沟通。

第3章 绩效考核

第8条 考核周期

1. 绩效考核分为年度考、季度考和月度考。对于副总经理以上的职位实行年度考核，对于中层管理者实行季度考核，对于其他员工实行月度考核。如遇法定节假日，考核时间顺延。

2. 每季度开始后的10日内，部门负责人与主管领导共同完成部门KPI考核表，并转交人力资源部。人力资源部将各部门的季度KPI考核表交总经理审批，经总经理审批后，人力资源部将各部门KPI考核表存档，并将复印件返回给各部门负责人。

3. 部门KPI考核表确定后，部门负责人应组织部门内员工在5日内完成员工KPI考核表的编制，经部门负责人审批通过后，原件保留在经理处，复印件返回给员工。

4. 公司以每年1月初作为出具上期考核结果的时点，部门以每年7月初、10月初、次年1月初作为出具上个季度绩效考核结果的时点，员工以每月初作为出具上个月绩效考核结果的时点。

第9条 考核组织

1. 公司和部门的绩效考核工作主要由公司考核委员会、人力资源部两个部门组织完成，其他部门在考核工作中负责本部门的考核工作和相关数据的提供与收集。

2. 员工的绩效考核主要由部门负责人完成，人力资源部指导绩效考核工作。

第10条 考核内容

考核内容包括关键业绩指标和关键行为指标，对不同的考核对象两者的权重不同。

1. 工作绩效表现考核

（1）对员工按照主要工作职务完成的工作结果或履行职务的结果进行评价。

（2）主要工作职务的考核指标一般由考核人依照被考核者的工作目标和任务，结合职位描述的主要职能，经过双方沟通，达成一致后予以确定。

2. 整体表现考核

（1）对影响员工完成工作结果的行为、表现和素质等方面进行评价。

（2）具体包括员工的工作能力、工作态度、纪律和其他四个方面的内容。

（3）此部分内容为通用表现项目，考核指标及评价标准由公司统一制订，适用于所有员工。

3. 领导及管理技巧评核

（1）对公司具有领导及管理职能的员工在领导能力及工作、激励士气、培育下属等方面进行的综合评价。

（2）此部分内容为领导及管理项目，适用于公司领导人员的考核。

第4章 绩效评定与沟通

第11条 绩效考核的评定一定要客观公正，公开透明，避免个人因素的掺杂。

续表

制度名称	×××公司绩效管理制度	编号	
		执行部门	

1. 考核完成后,主管与员工进行充分沟通,讨论员工的优势和需要改进的地方,共同分析期望与实际结果存在差距的原因,达到组织绩效与个人绩效目标一致。

2. 在绩效管理的过程中,每半年至少开展一次绩效面谈,各部门可根据工作需要增加面谈次数;考核者与被考核者就考核事项、考核评定交换意见,相互沟通,达成一致。

第12条 面谈要以正式的、一对一的、面对面的方式进行,面谈时至少提前一天通知员工,使双方都做好必要的准备工作;面谈结束后的当日在《员工绩效面谈记录表》上形成记录,由双方认可后与评估表一起提交。

第5章 绩效反馈与应用

第13条 绩效反馈应当及时进行,而且应关注行为。管理者应做到客观、诚实,力求与事件紧密相关,不应对员工个人进行攻击。反馈应围绕员工有能力改变的事情进行探讨。

反馈应以辅导为重点,重点在于培养员工能力,以提高总体绩效水平。

第14条 要把考核结果应用到以下五个方面:绩效工资的计算与发放、员工薪酬层级的调整、员工职位的变动、人员培训与开发的依据、招聘决策提供支持。

第6章 存档与申诉

第15条 绩效考核数据应在考核结束后以部门为单位送达公司人力资源部。

第16条 人力资源部对所报考核数据进行审查汇总分析,考核数据和报告作为存档资料由人力资源部及时存档,并妥善保管。

第17条 绩效考核申诉

如果被考核者对自己的考核结果有意见,可以向直接上级的上一级领导申诉;如果仍然存在异议,可向人力资源部负责人申诉。

第7章 附则

第18条 公司各部门应在本制度指导下开展绩效管理工作。

第19条 本制度由人力资源部起草并负责监督实施。

第20条 本制度最终解释权归公司人力资源部。

编制人员		审核人员		批准人员	
编制日期		审核日期		批准日期	

附录1.2 绩效考核实施细则(办法)

绩效考核实施细则(办法)是在既定的绩效考核制度范围内,为保证绩效考核工作落地、执行而制订的更具体、更细化的行为准则和规范。因此,在每个绩效考核周期内,公司都需要制订相应的绩效考核实施细则(办法),如考核目标是什么、原则是什么、采用什么考核指标、以什么方法进行,等等。

附表1-2以×××公司绩效考核实施细则模板为例,进行简单示范,以让绩效考核人员明确如何制订绩效考核实施细则（模板仅供参考）。

▼附表1-2　绩效考核实施细则模板

制度名称	×××公司绩效考核实施细则	编号	
		执行部门	

×××公司绩效考核实施细则
第1章　总则

第1条　目的

1. 通过绩效考核将部门和员工个人的工作表现与公司的战略目标紧密地结合起来，确保公司战略快速而平稳地实现。

2. 在绩效考核过程中，促进管理者与员工之间的交流与沟通，形成良好的沟通机制，增强企业凝聚力。

3. 通过绩效考核提高公司的管理水平，提升每个员工的工作绩效，促进公司快速发展。

4. 通过对员工工作绩效、工作能力等进行客观的评价，为员工薪资调整、职位变动、培训与发展等人力资源管理工作提供有效的依据。

第2条　绩效考核原则

1. 在客观公正的基础上，通过各级管理者，对全体员工的工作行为与工作结果，进行实事求是的考核评价。

2. 各级管理者是考核工作的责任主体。各级管理者必须承担起责任，运用考核评价的方式，指导、帮助、约束与激励下属员工。

3. 坚持考核结果反馈原则。考评结果（评语）一定要反馈给被考核者本人，就评语进行说明解释，肯定成绩、指出不足，提供今后努力方向的参考意见。

4. 考核的等级之间应带有鲜明的差别界限，针对不同的结果在薪资、晋升、使用等方面应体现明显差别，使考核带有激励性，鼓励员工的上进心。

第3条　适用范围

本细则适用于公司所有正式员工。但下列人员除外。

1. 公司总经理。

2. 兼职人员。

3. 连续出勤不满6个月者。

4. 考核期间休假停职6个月以上者。

第2章　考核维度设定

第4条　考核维度是指考核对象考核时的不同角度、不同方面，包括绩效维度、能力维度、态度维度。每一个考核维度由相应的测评指标组成，对不同的考核对象采用不同的考核维度、不同的测评指标。

1. 绩效维度：是指被考核人员通过努力所取得的工作成果。主要包括3个方面，见表1。

续表

制度名称	×××公司绩效考核实施细则	编号	
		执行部门	

表1 绩效类别的主要内容

绩效类别	主要内容
任务绩效	被考核者的本职工作
周边绩效	相关部门的工作内容
管理绩效	管理人员对部门进行直接和间接管理的内容

2. 能力维度：是指被考核人员完成各项专业性活动所具备的特殊能力和岗位所需要的素质能力。能力维度考核分为素质能力和专业技术能力。其考核指标由考核单位根据岗位特点和实际情况选定。

3. 态度维度：是指被考核人员对待工作的态度和工作作风。态度考核分为积极性、协作性、责任心、纪律性等。

第3章 考核实施

第5条 员工个人考核

1. 考核实施时间

本企业的考核分为月度考核、季度考核与年度考核三种。其具体内容见表2。

表2 不同考核级别的设置内容

考核时间	考核类别	考核实施时间	考核结束时间	考核对象
1月1日～12月31日	年度考核	1月__日	1月__日	所有人员
每个季度	季度考核	每个季度首月的前__日		所有人员
每个月	月度考核	每个月的前__日		所有人员

2. 考核实施主体

（1）考核总体上由人力资源部负责组织，督促和指导各级主管对其下属员工的考核工作，并对考核中出现的问题给予协调和处理。

（2）员工考核的具体评价工作由部门经理组织实施；中高层领导考核由总经理组织实施。

（3）绩效考核者需要熟练掌握绩效考评相关的表格、流程、考核制度，做到与被考核者的及时沟通与反馈，公正地完成考核工作。

第6条 部门考核

1. 考核依据

各部门的职责和月度工作计划。

2. 考核周期

每季度考核一次，上季度工作考核在下季度第一个月的1~10日进行。

续表

制度名称	×××公司绩效考核实施细则	编号	
		执行部门	

3. 考核要素

对公司各部门的考核，按工作目标、工作职能、团队建设三个方面进行综合考评。考核要素具体描述如表3所示。

表3 对公司各部门考核的考核要素

序号	考核要素	考核要素描述	权重系数
1	工作目标	工作计划是否按时完成或提前，与实际要求是否有差距，是否满足客户的实际要求	$E_1 = 0.50$
2	工作职能	日常职能工作是否达到了要求，管理是否合理、规范，监督工作是否正常运行	$E_2 = 0.30$
3	团队建设	是否有协作精神、合作精神，团队士气如何，以及工作是否有成效	$E_3 = 0.20$

第4章 绩效沟通与反馈

第7条 绩效沟通

在评估结束后，部门负责人应与被考核者就考核结果进行面谈，让员工了解自身的优势和不足之处，从而制订下一阶段的绩效改进计划。

第8条 绩效申诉

1. 员工对自己的考核结果不满，可在考核结束后的一周之内，向人力资源部申诉。

2. 人力资源部接到员工申诉后，会同员工所在的部门经理对考核者再次进行评估。复评的成绩作为员工最终的考核结果。

第5章 其他事项

第9条 年度内曾受奖励或惩戒者，其年度考绩应依下列规定增减其分数。

1. 记大功1次加×分；记功1次加×分；嘉奖1次加×分。

2. 记大过1次减×分；记过1次减×分；申诫1次减×分。

第10条 有下列情形之一者，其考绩不得列为一等。

1. 曾受任何一种惩戒。

2. 迟到或早退累计扣分××分以上者。

3. 请假超过限定日数者。

4. 旷工1日以上者。

第11条 有下列情形之一者，其考核不得列入一等至三等。

1. 在年度内曾受记过以上处分者。

2. 迟到或早退累计××次以上者。

3. 旷工两2日以上者。

第6章 考核结果管理

第12条 根据个人评分情况与比例限制综合评定个人等级。综合评定结果共分为五级，分别是优、良、中、基本合格、不合格，具体定义见表4。

续表

制度名称	×××公司绩效考核实施细则	编号	
		执行部门	

表4 考核结果评估

等级	分数	详细描述
优	90~100分	实际表现显著超出预期计划/目标或岗位职责/分工要求,在计划/目标或岗位职责/分工要求所涉及的各个方面都取得特别出色的成绩
良	80~89分	实际表现达到或部分超过预期计划/目标或岗位职责/分工要求,在计划/目标或岗位职责/分工要求所涉及的主要方面都取得比较出色的成绩
中	70~79分	实际表现基本达到预期计划/目标或岗位职责/分工要求,无明显失误
基本合格	60~69分	实际表现基本达到预期计划/目标或岗位职责/分工要求,在某些方面有明显不足或失误
不合格	60分以下	实际表现基本达到预期计划/目标或岗位职责/分工要求,在很多方面有失误或主要方面有重大失误

第13条 部门考核结果评定划分情况见表5。

表5 考核结果评定划分

等级	具体要求	分数
S	1. 部门工作按工作计划进行或提前完成,工作质量出色; 2. 部门管理效率高、规范化程度高; 3. 部门团队凝聚力强,员工满意度评价达×%以上	90~100分
A	1. 部门工作较工作计划延期,但控制在×%以内,工作质量良好; 2. 部门管理效率较高,较规范; 3. 部门团队凝聚力较强,员工满意度评价达×%以上	80~89分
B	1. 部门工作较工作计划延期,但控制在×%以内,工作质量一般; 2. 部门管理效率一般,规范化一般; 3. 部门团队凝聚力一般,员工满意度评价达×%以上	70~79分
C	1. 部门工作较工作计划延期,但控制在×%以内,工作质量较差; 2. 部门管理效率较低,规范化较差; 3. 部门团队凝聚力较弱,员工满意度评价低于×%	60~69分
D	1. 部门工作较工作计划延期,但控制在×%以内,工作质量极差; 2. 部门管理效率低,规范化亟须加强; 3. 部门团队凝聚力很弱,员工满意度评价低于×%	60分以下

续表

制度名称	×××公司绩效考核实施细则	编号	
		执行部门	

第14条 员工的考核结果最后交由人力资源部存档。

第15条 考核结果的运用

1. 薪资调整。

2. 奖金发放。

3. 职位晋升。

4. 教育培训。

5. 合理配置人员。

第7章 附则

第16条 本细则自颁布之日起生效,未尽事宜按照人力资源部制订的相关制度执行。

第17条 本细则的解释权归×××公司所有。

编制人员		审核人员		批准人员	
编制日期		审核日期		批准日期	

附录1.3 绩效考核实施总结报告

当某一阶段的绩效考核工作结束后,为更好地总结本阶段绩效考核工作的成功经验、存在的不足及其他问题,便于下阶段绩效考核工作的开展,需要对该阶段的绩效考核工作进行总结,形成报告,上交公司总部。

附表1-3以×××企业的总结报告模板为例,进行简单示范,以让绩效考核人员明确如何撰写绩效考核实施总结报告(模板仅供参考)。

▼附表1-3 绩效考核实施总结报告模板

文本名称	×××企业绩效考核实施总结报告	受控状态	
		编号	

×××企业绩效考核实施总结报告
第1章 总体运行说明

本季度公司围绕整体发展战略和年度经营目标,严格按照公司绩效考核安排,在公司高层的领导下及各部门工作人员的主动配合下,积极开展绩效考核工作。在本季考核结束之时,为更好地总结本年度绩效考核的经验与不足,便于下年度绩效考核工作的开展,特总结如下。

第2章 绩效考核结果说明

本季度绩效考核包含公司KPI指标、部门KPI指标、员工KPI指标三种。通过对绩效考核相关数据的收集和分析,客观地认定我公司的绩效考核初步达到了绩效考核量化管理的目标。下面针对各指标的达成情况进行详细说明。

续表

文本名称	×××企业绩效考核实施总结报告	受控状态	
		编号	

第1条 公司KPI指标

公司KPI指标包括客户开发量、销售额、新产品研发量、企业生产能力、成本利润率、净资产增值率6项指标。在本公司全体员工的共同努力下,所有指标完成率均达到或超过100%,其中新产品研发量、销售额、净资产增值率分别比目标值超出3.6%、2.9%、3.5%。

第2条 部门KPI指标

公司各部门KPI指标完成情况见表1。

表1 公司各部门KPI指标完成情况

职能部门	设定量		完成量		综合得分
	指标数量/个	权重/%	指标数量/个	权重/%	
策划部门	8	100	8	100	100
外联部门	6	100	4	66.7	66.7
技术部门	10	100	8	80	80
财务部门	6	100	6	100	100
新媒体部门	10	100	10	100	100
人力资源部门	5	100	4	80	80

第3条 员工KPI指标

员工KPI指标完成情况见表2。

表2 员工KPI指标完成情况

考核分数	员工人数/个	所占比例/%
90分以上	9	30
70~89分	15	50
60~69分	5	16.7
60分以下	1	3.3

第3章 绩效考核体系中存在的问题

第4条 考核体系设计问题

绩效考核本身需要稳定的组织结构、科学的职位描述等。但公司实施的本年绩效考核中,还缺乏科学的职位描述体系,导致某些绩效考核指标及流程设计不够全面。

第5条 绩效考核认识问题

在考核实施过程中,有部分员工认为绩效考核无非就是考核者给他们的工作增添不必要的麻烦,这些负面的认识使员工在操作中会产生明显的抵触与排斥情绪。

续表

文本名称	×××企业绩效考核实施总结报告	受控状态	
		编号	

第6条 绩效考核申诉处理

在此次实施的绩效考核工作中,员工普遍反映对绩效考核结果无申诉途径,只能被动接受考核结果。这一现象导致员工对绩效考核的科学性、公平性质疑。

第4章 应对策略

第7条 完善和优化绩效考核体系

通过探索和改善,在实践中不断完善和优化绩效考核体系,尤其是那些反映问题较多或所占权重较大的考核指标。

第8条 加强对被考核人员的培训

加强对员工绩效考核知识的培训,逐步导入考核理念,使之形成积极参与绩效考核的习惯。

第9条 加强各部门的合作

加强与各职能部门之间的沟通与引导工作,并通过表格或其他各种方式引导部门经理与员工之间的考核沟通与互动。

第10条 合理运用考核结果

当员工绩效与薪酬、职位晋升、奖惩等挂钩时,能充分引起员工的重视,也才能够暴露一些原来无法暴露的问题,然后通过调整达到考核体系不断优化的结果。最终考核体系才能真正达到激励员工不断改进绩效的作用。

第11条 完善绩效申诉处理机制

针对绩效考核结果无处申诉的问题,逐步完善绩效申诉处理机制,在其中规定申诉形式、申诉受理时间及答复,以稳定员工被动考核心态。

编制人员		审核人员		批准人员	
编制日期		审核日期		批准日期	

附录1.4 年终绩效奖金分配方案

年终绩效奖金分配方案,是为更好地体现公司利益和员工利益紧密结合的关系,奖金分配科学、合理,符合多劳多得、少劳少得目标而制订的奖金分配计划。对于企业的长远发展,提升员工绩效有重要的意义。因此,绩效考核人员在完成绩效考核工作后,应结合考核结果,根据企业、团队和个人三个层面的贡献制订绩效分配方案。

具体方法可参考以下模板,如附表1-4所列。

▼附表1-4　年终绩效奖金分配方案模板

文本名称	×××企业年终绩效奖金分配方案	受控状态	
		编号	

×××企业年终绩效奖金分配方案

第1章　目的

为鼓励员工有较佳的工作绩效表现，并使员工绩效奖金之核发有所依循，特制订本方案。

第2章　范围

本方案适用于公司全体员工绩效奖金核发工作。

第3章　原则

按公平、公开、公正的原则，对公司全体员工进行全方位考核，并发放绩效奖金。

第4章　权责

1. 生产管理部门负责计算生产部门绩效奖金，并提供生产绩效奖金基数。
2. 财务部门负责提供公司当月之利润达成率。
3. 人力资源部门负责计算生产、业务及货运汽车司机等部门以外各单位绩效奖金基数，提拨绩效奖金总额，并将每位员工之绩效金额并入薪资中发放。

第5章　具体办法

1. 绩效奖金发放规范

（1）有下列情形之一者，不提拨绩效奖金：

A. 副理（含）以上主管职及+职等（含）以上非主管职人员；

B. 尚在试用期者；

C. 当月有迟到、早退三次（含）以上者；

D. 当月有事假、病假合计二十天（含）以上者；

E. 当月有旷工、惩处记录者；

F. 当月留职停薪记录者；

G. 当月辞职而工作日历未满月者；

H. 工人到职未满一个月者。

（2）有下列情形之一者，依实际出勤天数除以月平均工作日之比例提拨发放绩效奖金：

A. 员工当月到职满一个月而工作日历未满月者；

B. 员工当月因劳动合同期满离职而工作日历未满月者。

（3）员工当月请婚假、丧假、产假、工伤假可全额提拨绩效奖金，分配发放时按请假者当月实际出勤天数除以月平均工作日之比例发给请假者奖金，余额可分配给其职务代理人。

（4）单位主管在分配奖金时，在本单位提拨的奖金总额范围内，依员工实际绩效状况及对部门贡献进行考核分配。员工当月实得绩效奖金的分配幅度应限定在个人奖金标准的50%～150%。

（5）各单位当月所核定提拨的绩效奖金总额，部门主管在核定员工绩效奖金数额时，于当月一次性核发完毕，不得保留递延至下月使用。

续表

文本名称	×××企业年终绩效奖金分配方案	受控状态	
		编号	

（6）为一次结算离职人员最后一个月薪资（含绩效奖金），如应发月的绩效奖金基数尚未下达，其应发月的绩效奖金额可比照最近薪资一起发放。所发之绩效奖金额在提拨单位绩效奖金总额时冲减。

2. 绩效奖金职务权数：绩效奖金职务权数标准详见表1，该权数标准为上限，员工绩效奖金权数按现任职务（等）核算。

表1 附件

职称	权数
处长	3.0
副处长	3.0
科长	2.5
副科长	2.5
各部门主管人员/助理	2.0
各部门一线员工	1.8
临时人员	1.5
其他	1.0

3. 绩效奖金之核发

（1）绩效奖金的计算、提拨、分配、发放以月为考核单位。

（2）各公司在计算、确定绩效奖金基数时，应与公司的利润目标相挂钩。各类绩效奖金基数依表2所列利润达成率和利润系数进行计算。

表2 利润达成率和利润系数

利润达成率	120%（含）以上	110%~120%	100%~110%	90%~110%	90%（含）以下
利润系数	1.2	1.1	1	0.9	0.8

4. 绩效奖金的种数及计算方法

（1）生产绩效奖金。适用于各公司生产部门的所属员工。生产绩效奖金应考核当月产量、产品品质、现场管理、物料耗用及节约等项目，计算出之奖金基数量乘以当月利润目标达成系数后确定。

（2）营业绩效奖金。适用于各公司销售业务人员（含各业务部门处级及以下干部）。营业绩效奖金应考核当月销售目标达成、账款回收、经销商开发、工作考核等项目，计算出之奖金基数再乘以当月利润目标达成系数后确定。

文本名称	×××企业年终绩效奖金分配方案	受控状态	
		编号	

（3）货运汽车司机绩效奖金。适用于各公司货运汽车司机。货运汽车司机绩效奖金应考核达成奖金、工作奖金、油耗奖金、节时奖金等项目，计算出之奖金基数再乘以当月利润目标达成系数后确定。

5. 绩效奖金基数之确定

（1）各公司绩效奖金基数之确定

A. 生产奖金基数 = $\dfrac{各厂已进行利润系数处理后基数之和}{厂数}$。

B. 营业奖金基数 = 生产奖基数 × 公司销售达成率。

C. 公司管理人员绩效奖金基数 = 生产奖金基数 × 生产比重 + 营业（奖金基数 × 营业比重）。

D. 绩效奖金构成比重（生产比重、营业比重）。各公司可参照表3，依据实际状况自行制订标准。

表3 绩效奖金构成比重（生产比重、营业比重）

部门	生产比重/%	营业比重/%
企管部门	20	80
营业部门	30	70
质监部门	70	30
总经办	50	50
管理部门		
财务部门		
采购部门		
研发部门		

（2）各业务单元本部绩效奖金基数之确定

各业务单元本部绩效奖金基数 = Σ 业务单元所属各公司一般管理人员绩效奖金基数 × 各公司营业绩效达成占业务单元营业绩效达成之百分比。

（3）公司绩效奖金基数之确定

总部绩效奖金基数 = Σ 集团所属各业务单元一般管理人员绩效奖金基数 × 各业务单元营业绩效达成占集团营业绩效达成之百分比。

6. 绩效奖金金额计算公式

（1）每名员工可提拨的绩效奖金额 = 绩效奖金基数 × 职务权数 × 地区权数 = a

（2）单位可提拨的绩效奖金额 = $a_1 + a_2 + \cdots + a_n$

7. 绩效奖金之发放

单位主管依绩效奖金提拨总额分配奖金后，造册给事单位，办理奖金发放事宜。

续表

文本名称	×××企业年终绩效奖金分配方案	受控状态	
		编号	

8. 绩效奖金职位权数标准

   注：各部门如有特殊状况需调整绩效奖金权数标准者，得另案签呈核报修订之，经总经理核准后执行。

编制人员		审核人员		批准人员	
编制日期		审核日期		批准日期	

附录1.5　360度考核法绩效表

   360度考核是绩效考核中最常用的一种考核方法。360度，顾名思义，是多层面、多角度、全方位。事实上，这种方法强调的正是信息获取的广泛性。360度考核，是指以被考核者为中心，以与被考核者发生工作关系的部门或人为调研对象，包括上级、下级、同事和客户等，通过与这些人员的实地沟通、间接调查来获得被考核者的信息。

   考核人员在运用这种方法时，除了与被考核者进行绩效沟通外，还需要与被考核者的上级、下级、同事和客户进行沟通，充分调研。具体的沟通、调研内容如附表1-5～附表1-10所列。

▼附表1-5　上级对员工的评估表

×××部门对员工的评估表									
								评估日期：	
被评估者姓名		工作岗位			工作部门				
评估者姓名		工作岗位			工作部门				
考核阶段									
您认为该员工属于	□常规型		□现实型		□探索型		□艺术型		□社会型
您认为该员工在工作中的表现如何？ （1）工作态度 （2）工作能力 （3）自我学习能力	□非常好 □非常强 □非常强		□很好 □很强 □很强		□一般 □一般 □一般		□较差 □较弱 □较弱		□很差 □很弱 □很弱
请列举该员工在工作过程中最成功的一次工作事件，并分析其成功的最主要原因									

续表

×××部门对员工的评估表	
	评估日期：
请列举该员工在工作过程中最失败的一次工作事件，并指出其失败的最主要原因	
请指出该员工在职业发展中还应在哪些方面做出努力	
请指出您能为该员工的职业发展提供哪些帮助	
请对该员工进行总体评价	

▼附表1-6　下级对上级的评估表

××公司经理绩效评估表

填表说明：

本次评估结果会影响到被评估人的绩效评估结果，希望您客观、公正地评估您的上级，以帮助他们提高管理技能。

表中的数字5表示完全同意，4表示基本同意，3表示中立，2表示基本不同意，1表示完全不同意。

评估日期：

被评估者姓名		工作岗位		工作部门				
评估者姓名		工作岗位		工作部门				
考核阶段								
考核项目内容					5	4	3	2	1
经理帮助我设立清晰、准确的工作目标					□	□	□	□	□
在经理帮助下，我的工作能力有很大提升					□	□	□	□	□
经理能够给我充分的工作自主权					□	□	□	□	□
经理经常与我进行工作上的沟通（同级评估）					□	□	□	□	□
经理能够协调好与各部门的关系					□	□	□	□	□
当团队遇到困难时，经理能鼓舞大家士气					□	□	□	□	□
经理能够带领我们按时完成工作任务					□	□	□	□	□
经理工作具有很强的计划性					□	□	□	□	□
经理具有很强的时间观念					□	□	□	□	□
经理具有丰富的业务知识					□	□	□	□	□
其他附加考评内容（自设）									
综合得分									
其他说明									

▼附表1-7　同级之间的评估表

对××的绩效评估表					

填表说明：
同级考评一般由与被考评者工作联系较为密切的人员进行。
表中的数字5表示很高，4表示高，3表示一般，2表示较差，1表示差。

评估日期：

被评估者姓名		工作岗位		工作部门	
评估者姓名		工作岗位		工作部门	
考核阶段					

考核项目内容	5	4	3	2	1
被考评者具有的专业知识水平	□	□	□	□	□
被考评者完成工作任务的态度（积极性）	□	□	□	□	□
被考评者与同事之间的关系（和谐性）	□	□	□	□	□
被考评者在工作中所提建议或想法的合理性、实用性	□	□	□	□	□
被考评者安排自己工作的条理性	□	□	□	□	□
被考评者的沟通协调能力	□	□	□	□	□

其他附加考评内容（自设）					
综合得分					
其他说明					

▼附表1-8　绩效评估自评表

绩效评估自评表				
被评估者姓名		工作岗位		工作部门	
工作职务		工龄		考核日期	
考评阶段					
工作评估				
您认为自己在工作中的表现如何？ （1）工作态度 （2）工作能力 （3）自我学习能力	□非常好 □非常强 □非常强	□很好 □很强 □很强	□一般 □一般 □一般	□较差 □较弱 □较弱	□很差 □很弱 □很弱
工作目标	目标分解	任务完成情况	绩效指标	个人评分	

续表

绩效评估自评表			

经验教训	
经验	教训

自我评价

▼附表1-9 客户满意度调查表

客户满意度调查表					
被评估者姓名		职位			
填表人（客户姓名）		性别		年龄	
服务年限	□10年以上老客户　□5～10年　□1～5年　□1年以下新客户				
考评阶段					
考核类别	评估项目描述	A	B	C	D
工作态度					
服务意识					
工作能力					

▼附表1-10 360度考核法信息总结表

360度考核法信息总结表							
基本信息	被考核者			所在部门			
	职务			填表日期			
考评阶段							
评分尺度	5：优 4：良 3：一般 2：需要改进 1：亟待提高						
考评内容	考评项目	权重/%	上级评估	下级评估	同事评估	客户评估	自我评估
工作业绩							
工作态度							
工作能力							
优势、劣势分析								
发展与培训项目建议							

制表人：　　　　　审核人：　　　　　批准人：

附录1.6 目标考核法绩效表

目标考核法也是企业绩效考核中常用的一种考核方法。目标考核法，是指按一定的指标或评价标准，衡量员工完成既定目标和执行工作标准的情况。这种方法是目标管理原理在绩效评估中的具体运用，与企业的目标管理体系以及工作责任制等相联系。所以，运用这种方法的前提是企业有完善的目标管理，在整个组织实行"目标管理"的制度规范下对员工进行考核。

在运用目标考核法时，常会用到如附表1-11所列的表格。

▼附表1-11　目标考核法绩效表

目标考核法绩效表					
考核部门			考核阶段		
考核者			考核日期		
考核内容					
序号	目标类别	所占比重/%	预定项目	完成目标	未完成原因及说明
1					
2					
3					
考核结果					

附录1.7　平衡计分卡考核法绩效表

平衡计分卡是一种将企业战略落实为可操作衡量指标和目标值的一种新型绩效管理体系。通常从财务、客户、业务流程、学习与成长4个角度入手，可保证绩效考核在直观的图表及职能卡片的展示下，抽象地概括部门职责、工作任务与承接关系等，显得层次分明、量化清晰、简单明了，能有效解决制订战略和实施战略脱节的问题，堵住了"执行漏斗"。

平衡计分卡系统则包括基本框架、战略地图、指标体系及绩效考核量表，分别如附图1-1～附图1-3和附表1-12所列。

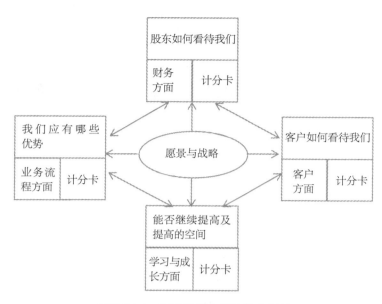

▲附图1-1 平衡计分卡系统基本框架

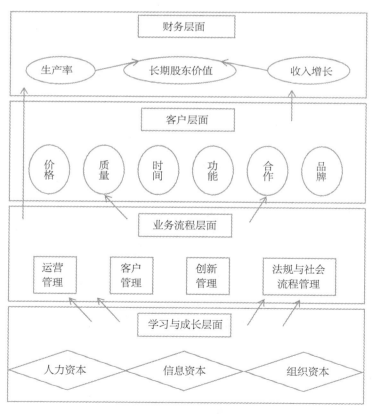

▲附图1-2 平衡计分卡系统战略地图

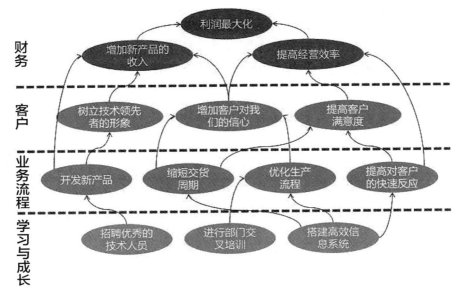

▲附图1-3　平衡计分卡系统指标体系

▼附表1-12　平衡计分卡系统绩效考核量表

考核维度	考核指标	指标权重/%	完成标准	评分标准	单项得分	最终得分
财务						
客户						
业务流程						
学习与发展						

附录1.8 各阶层被考核者绩效考核表

在对企业各阶层人员进行考核时，因工作岗位、职位的不同，所考核的内容也不尽相同。对于高层而言，着重于考核其经营决策、投资融资、风险控制等成效；对于中层而言，着重于考核其在企业、各部门经营、管理上的表现，以及目标达成情况；对于基层而言，主要考核其工作量的完成质量和完成率。

各阶层被考核者绩效考核表模板如附表1-13～附表1-15所列。

▼附表1-13 基层员工绩效考核表

姓名		部门		职务		考核层次		考核期	
任务完成情况（80%）									
序号	KPI（关键业绩指标）	考核标准		权重		达成情况		达成情况	
						自评	得分	上级考核	得分
1									
2									
3									
…									
信息反馈					有关说明				
工作创新和工作态度（20%）									
	自我总结				考评者预计下期期望				
工作创新（10%）					评语				
					期望				
工作态度（10%）					评语				
					期望				
考核得分	考核者打分（80%）			自评打分（20%）		合计得分			考核等级
业绩完成情况（80%）									
工作创新（10%）									
工作态度（10%）									

▼附表1-14 中层管理人员绩效考核表

姓名		部门		职务		考核层次		评价尺度	
本部门经营管理									
考核方式		上级考核	所占比重/%		50	评分及等级		优秀10	
		同级互评			15			良好8	
		自我评价			15			一般6	
		下属测评			20			不及格4	
考核项目		完成情况	考核标准			得分		权重系数	
工作绩效		完成量 达成率 质量 速度							
工作能力		职务技能管理能力 协调能力 沟通能力 ……							
工作态度		积极认真 执行力 品德言行 ……							
评价等级									
考核者意见									

▼附表1-15 高层管理人员绩效考核表

姓名		部门		职务		考核层次		考核期	
				年度创收（80%）					
序号		KPI（关键业绩指标）		考核标准	权重	达成情况		达成情况	
						自评	得分	下级评分	得分
1									
2									
3									

续表

姓名		部门		职务		考核层次		考核期	
年度创收（80%）									
……									
信息反馈					有关说明				
绩效改进和工作创新（20%）									
关键指标及权重		自我总结			考评者预计下期期望				
经营决策的有效性（10%）					评语				
					期望				
企业战略目标实现（10%）					评语				
					期望				
考核得分		考核者打分（80%）		自评打分（20%）			合计得分		考核等级
年度创收（80%）									
经营决策（10%）									
战略目标（10%）									

附录2 企业关键部门绩效考核方案

附录2.1 人力资源部绩效考核方案

人力资源部绩效考核方案见附表2-1～附表2-8。

▼附表2-1 人力资源部员工考核表

岗位名称：		姓名：	考核日期：		
项目及考核内容			评分	自评	上级考核
工作任务 （30%）		能保质保量按时完成任务	30		
		能保质保量提前完成任务	25～29		
		在监督下能完成任务	15～25		
		在监督下偶尔能完成任务	15以下		
工作 能力 （20%）	处理 能力 （10%）	理解力极强，对事判断极准确，处事能力极强	10		
		理解力强，对事判断准确，处事能力强	8～9		
		理解判断力一般，处理事务不常有错误	7		
		理解较迟钝，对复杂事务判断力不够	5～6		
		迟钝，理解判断力不良，经常无法处理事务	5以下		
	工作 技能 （10%）	在工作作业改善方面，经常有创意性报告并被采纳	10		
		有时在作业方法上有改进	8～9		
		偶尔有改进建议，能完成任务	5～7		
		工作技能无改善，勉强能完成任务	5以下		
工作协调 （20%）		与人协调无间，为工作顺利完成尽最大努力	20		
		爱护团体，常协助别人	13～19		
		肯应他人要求帮助别人	10～12		
		仅在必要与人协调的工作上与人合作	7～9		
		自由散漫，不肯与别人合作	7以下		
责任感 （20%）		任劳任怨，竭尽所能完成任务	20		
		工作努力，能较好完成分内工作	13～19		
		有责任心，能自动自发完成工作	10～12		
		交付工作需要督促方能完成	7～9		
		敷衍了事，态度傲慢，无责任心，做事粗心大意	7以下		
工作勤惰 （10%）		不浪费时间，不畏劳苦，交付工作抢先完成	10		
		守时守规不偷懒，勤奋工作	8～9		
		偶有迟到，但上班后工作兢兢业业	6～7		
		借故逃避繁重工作，不守工作岗位	5以下		

▼ **附表2-2 招聘专员的考核**

指标类别	指标项	权重/%	考评主体	考核方法
任务绩效（100%）	招聘制度完整性、规范性	15	人力资源部负责人	制度的执行效果、意见反馈
	招聘人员的数量	15	人力资源部负责人	参加初试人员的数量
	招聘人员的质量	15	人力资源部负责人	新员工试用效果
	人力资源需求调查	10	人力资源部负责人	及时性、全面性
	招聘成本控制	5	人力资源部负责人	实际开销金额
	招聘职位到职所需平均天数	10	人力资源部负责人	小于、等于的天数
	招聘渠道畅通	10	人力资源部负责人	渠道建设与维护频率、质量
	求职人员档案管理水平	5	人力资源部负责人	完整性、科学性
	职位说明书的制订	10	人力资源部负责人	客观性、合理性
	事务性工作完成率	5	人力资源部负责人	及时性、有效性

▼ **附表2-3 培训专员的考核**

指标类别	指标项	权重/%	考评主体	考核方法
任务绩效（100%）	培训计划	30	人力资源部负责人	及时性、完整性、合理性
	培训实施报告	30	人力资源部负责人	培训情况、效果分析、下一步工作的建议
	培训制度的制订与完善	15	人力资源部负责人	制度的可行性、执行、跟进及改造建议
	培训内外部资源的建立	15	人力资源部负责人	资源利用情况及建议
	培训档案的整理	10	人力资源部负责人	档案的建立、更新和存管

▼ **附表2-4 人事专员的考核**

指标类别	指标项	权重/%	考评主体	考核方法
任务绩效（100%）	员工入职、离职等的办理	20	人力资源部负责人	入职、离职率，以及做事的有效性、及时性
	员工劳动合同及保密协议的签订	20	人力资源部负责人	签订合同的及时性；员工合同争议的多寡；以及对相关资料的保护程度

续表

指标类别	指标项	权重/%	考评主体	考核方法
任务绩效（100%）	人事信息系统运行	25	人力资源部负责人	及时性、完整性、准确性
	对员工的出勤及各种休假情况的审核	10	人力资源部负责人	员工的出勤率；审核的及时性、客观性
	人事档案保管的完好性	20	人力资源部负责人	档案建立完整程度、更新进度，以及存管是否科学
	事务性工作完成情况	5	人力资源部负责人	工作完成的进度、及时性、准确性

▼附表2-5　人力资源经理绩效考核

被考核人			所属部门		
考核人			考核时间		
考核项目	KPI指标	指标说明		权重/%	得分
招聘管理	招聘计划完成率	$\dfrac{实际招聘到岗人数}{计划需求人数} \times 100\%$		10	
	员工结构比例	各层次员工的比例情况，检测公司人才结构的合理性		10	
	招聘费用预算达成率	$\dfrac{实际招聘费用}{招聘预算费用} \times 100\%$		15	
培训管理	培训计划完成率	$\dfrac{实际完成的培训次数}{计划培训的次数} \times 100\%$		10	
	培训费用预算达成率	$\dfrac{实际培训费用}{培训预算费用} \times 100\%$		10	
薪酬管理	人工成本			5	
	薪资、保险、福利等计算差错次数	薪资、保险、福利等计算出错的次数		10	
员工管理	员工自然流动率	员工稳定性和人员代谢情况		5	
	关键人才流动率	公司核心岗位、关键人才流失情况		5	
	员工满意度	员工对公司人力资源管理工作的满意度		10	
绩效管理	绩效计划按时完成率	结合各部门的考核结构衡量		10	
本次合计得分					
被考核人签字			日期		
考核人签字			日期		

▼附表2-6　招聘HR考核表

被考核人			所属部门		
考核人			考核时间		
考核项目	KPI指标	指标说明		权重/%	得分
招聘活动	招聘计划完成率	$\dfrac{实际招聘到岗人数}{计划需求人数} \times 100\%$		30	
	招聘空缺职位平均时间	年度所有空缺职位招聘所用的时间		20	
	招聘活动的有效性	是否完成约定的招聘任务		20	
	招聘人员适岗率	招聘人员与所需岗位的匹配度		10	
	劳动合同处理及时性	是否在规定的时间内完成		10	
	招聘成本	是否控制在预算之内		5	
	与招聘渠道的关系	是否有利于招聘活动的顺利开展		5	
本次合计得分					
被考核人签字			日期		
考核人签字			日期		

▼附表2-7　培训HR考核表

被考核人			所属部门		
考核人			考核时间		
考核项目	KPI指标	指标说明		权重/%	得分
培训活动	培训计划完成率	$\dfrac{实际完成的培训次数}{计划培训的次数} \times 100\%$		30	
	培训参与率	$\dfrac{实际参与培训的人数}{应参加培训的人数} \times 100\%$		10	
	培训费用预算达成率	$\dfrac{实际培训费用}{培训预算费用} \times 100\%$		10	
	人均培训成本			10	
	培训参考达标率	$\dfrac{培训考核达标人数}{培训总人数} \times 100\%$		10	
	培训人员的满意度	根据实际调研结果		20	
	外部合作满意度	根据实际调研结果		5	
	与相关部门的配合度	根据实际调研结果		5	

续表

被考核人			所属部门		
考核人			考核时间		
考核项目	KPI指标	指标说明		权重/%	得分
本次合计得分					
被考核人签字			日期		
考核人签字			日期		

▼附表2-8　薪酬HR考核表

被考核人			所属部门		
考核人			考核时间		
考核项目	KPI指标	指标说明		权重/%	得分
薪酬管理活动	薪酬总量预算安排达成率	当年人工总成本实际发生额占人工总成本预算的比例		30	
	薪资、保险、福利等计算差错次数	薪资、保险、福利等计算出错的次数		20	
	考核数据统计准确率	当年考核统计工作中出现的差错次数		20	
	合理化建议采纳数			10	
	考核表设计的合理性、完善性	根据实际调研结果		5	
	薪酬分析报告提交的及时性	根据实际调研结果		5	
	员工满意度评价	根据实际调研结果		5	
	与相关部门的配合度	根据实际调研结果		5	
本次合计得分					
被考核人签字			日期		
考核人签字			日期		

附录2.2 采购部绩效考核方案

采购部绩效考核方案见附表2-9~附表2-12。

▼附表2-9 采购部绩效考核方案

指标分类	考核指标	权重/%	量化标准 定义	量化标准 标准分值	具体事例	扣分
工作业绩	制度的执行力	15	违反公司规定扣1分/次;违反规定且造成重大损失的,直接责任扣5~10分,间接责任扣3~5分	3~10分		
	采购的及时性	15	未按照要求完成采购,根据延误时间,扣2~5分/日	2~8分		
	货物入库的及时性	10	通知质检人员验收物料不及时或出错,扣2~5分/次	2~8分		
	采购资金计划报表提交	10	采购资金计划报表提交不及时或出错,扣2~5分/次	1~7分		
	发票是否按时取得	10	开具普通发票须在采购后7日内提供发票,并传递到财务部;开具增值税发票须在采购后30日内提供发票,并传递到财务部;如有延误,扣2~5分/日;如发票所带附件不齐,扣3~5分/份	1~7分		
	采购差错的控制程度	10	采购的物料发生数量、质量等差异,根据差异扣5~10分/次	5~10分		
	供应商管理	10	对供应商的管理不到位,评估不公平,并遭到供应商投诉,经核查属实,视情节轻重,扣5~10分/次	5~10分		
	价格比对和成本控制	10	采购价格经过严格比对,有效地管理和控制价格及成本;经抽查,如发现同品质物料采购价格明显高于市场标准,扣5~10分	5~10分		

续表

指标分类	考核指标	权重/%	量化标准		具体事例	扣分
			定义	标准分值		
工作态度	责任感	5	有明确的工作目标和工作热情，对自己的岗位职责有很强的责任感，执行力强。根据责任感大小，设置若干层次的分值，从高到低进行扣分，最少扣0分，最多扣5分	0~5分		
	团队意识	5	能够与部门内外的同事真诚协作，为团队利益做贡献，无收受贿赂或其他因私利损害公司的行为。根据团队意识强弱大小，设置若干层次的分值，从高到低进行扣分，最少扣0分，最多扣5分	0~5分		
扣分小计						
总分			100			
被考核者签字：			日期：			

▼附表2-10　采购经理考核表

被考核人		所属部门		
考核人		考核时间		
考核项目	KPI指标	指标说明	权重/%	得分
物资采购管理	采购计划完成率	$\dfrac{实际采购额}{计划采购额} \times 100\%$	20	
	及时率	$\dfrac{规定时间内完成的采购订单}{应完成的采购订单} \times 100\%$	10	
	合格率	$\dfrac{采购物资合格量}{采购物资总量} \times 100\%$	15	
	采购错误次数		5	
	采购成本		10	

续表

被考核人			所属部门		
考核人			考核时间		
考核项目	KPI指标	指标说明		权重/%	得分
供应商管理	供应商开发计划完成率	$\dfrac{实际开发量}{计划开发量}\times 100\%$		10	
	供应商履约率	$\dfrac{履约合同数}{签约合同数}\times 100\%$		10	
	供应商满意度	对供应商的满意度进行调查		10	
部门员工管理	培训计划完成率	$\dfrac{实际完成的培训项目}{计划培训项目}\times 100\%$		5	
	部门员工达标率	$\dfrac{考核达标员工}{员工总数}\times 100\%$		5	
本次合计得分					
被考核人签字			日期		
考核人签字			日期		

▼附表2-11　采购专员考核表

被考核人		所属部门		
考核人		考核时间		
考核项目	KPI指标	指标说明	权重/%	得分
物资采购管理	采购计划完成率	$\dfrac{实际采购额}{计划采购额}\times 100\%$	30	
	及时率	$\dfrac{规定时间内完成的采购订单}{应完成的采购订单}\times 100\%$	15	
	合格率	$\dfrac{采购物资合格量}{采购物资总量}\times 100\%$	15	
	采购价格的合理性	在同等质量的采购条件下，材料价格与市场平均价格相比较的情况	15	
供应商管理	供应商履约率	$\dfrac{履约合同数}{签约合同数}\times 100\%$	15	
	供应商开发个数		10	
备注	除上述指标外，订单处理时间、相关单据提供的准确性、及时性、完整性都应列入考核范围			

续表

被考核人			所属部门		
考核人			考核时间		
考核项目	KPI指标		指标说明	权重/%	得分
本次合计得分					
被考核人签字			日期		
考核人签字			日期		

▼附表2-12 采购人员绩效考核表

考核项目	考核内容	权重/%	评价标准	得分
时间绩效	停工停料影响工时的情况	10	停工停料时间__，得__分 分为若干等级，根据停工停料时间逐次递减	
	采购的及时率		及时率__%，得__分 分为若干等级，根据及时率得分逐次递减	
品质绩效	采购物资合格率	20	合格率__%，得__分 分为若干等级，根据合格率得分逐次递减	
	物料使用不良率或退货率		不良率或退货率__%，得__分 分为若干等级，根据合格率得分逐次递减	
数量绩效	呆物料金额	10	根据金额的实际情况制订考核标准，可分为优、良、差等若干等级	
	呆物料损失金额			
	库存金额			
	库存周转率			
价格绩效	实际价格与标准成本的差额	30	根据价格的实际情况制订考核标准，可分为优、良、差等若干等级	
	实际价格与过去平均价格的差额			
	比较使用时价格与采购时价格的差额			
效率绩效	采购金额	30	根据效率实际情况制订考核标准，可分为优、良、差等若干等级	
	采购费用			
	新开发供应商数量			
	采购完成率			
	错误采购次数			
	订单处理时间			

附录2.3 生产部绩效考核方案

生产部绩效考核方案见附表2-13～附表2-16。

▼附表2-13　生产部绩效考核方案

被考核者		岗位				
考核项目		指标/评分办法	权重/%	检查方法	实测数据	考核得分	领导审核分
任务完成率	当期计划	生产作业计划	部门各业务工作均按计划执行,或领导交办的各项临时任务按时、按要求完成,若有未完成事项,酌情进行扣分	40	查看部门记录			
		临时任务			咨询主管领导			
部门员工出勤率			出勤率应＞95%,未达到要求的,酌情进行扣分	5	查看考勤记录			
各项费用控制率			各项费用(生产成本、制造费用)控制应在预算范围内,如超出预算范围,酌情进行扣分	5	查看财务部记录			
生产现场6S管理执行情况			重点强化并实施现场6S管理,如未达到要求,酌情进行扣分	10	咨询主管领导			
质量目标的完成情况			把关制造质量,产品一次交验合格率应＞95%(达到公司制订的质量目标);低于要求的,酌情进行扣分	10	查看质检科记录			
安全生产			严格执行公司安全生产管理制度,要求无重大安全事故,如出现一次重大安全事故扣5分	10	咨询主管领导			
工作规范化			按照质量体系要求,加工图纸、工艺文件、技术通知书等技术文件资料要妥善保管,原始记录、台账等要求准确、完善,如未达到要求,酌情进行扣分	10	查看部门记录咨询品质管理部			

续表

被考核者		岗位			
考核项目	指标/评分办法	权重/%	检查方法	实测数据	考核得分	领导审核分
员工培训	不定期对员工进行培训，提高员工的安全生产意识和质量意识，如未达到要求，酌情进行扣分	10	查看部门记录			
合 计		100				
考核周期内其他奖惩记录						
总分合计			评定等级			

▼附表2-14 生产经理考核表

被考核人		所属部门		
考核人		考核时间		
考核项目	KPI指标	指标说明	权重/%	得分
生产计划完成情况	生产计划完成率	$\dfrac{实际生产量}{计划生产量} \times 100\%$	15	
	交期达成率	$\dfrac{交期达成量}{交货总量} \times 100\%$	15	
产品质量管理	合格率	$\dfrac{合格产品数量}{产品总数} \times 100\%$	15	
设备管理	设备利用率	$\dfrac{全部设备工作时数}{设备工作总时数} \times 100\%$	10	
	设备完好率	$\dfrac{完成设备台数}{在用总设备台数} \times 100\%$	10	
成本管理	单位生产成本	企业生产成本控制情况	10	
	能耗控制率	企业节能降耗情况	10	
安全生产管理	安全事故发生数	考核期内生产事故发生总数	10	
部门员工培训管理	培训计划完成率	$\dfrac{实际完成的培训项目}{计划培训项目} \times 100\%$	5	
本次合计得分				

被考核人		所属部门		
考核人		考核时间		
考核项目	KPI指标	指标说明	权重/%	得分
被考核人签字		日期		
考核人签字		日期		

▼附表2-15　车间主任考核表

被考核人		所属部门		
考核人		考核时间		
	考核指标	指标说明	权重/%	得分
车间生产任务的完成情况	生产计划完成率	$\dfrac{实际生产量}{计划生产量} \times 100\%$	20	
	交期达成率	$\dfrac{交期达成量}{交货总量} \times 100\%$	15	
	产品合格率	$\dfrac{合格产品数量}{产品总数} \times 100\%$	20	
	生产成本下降率	$\dfrac{上期生产成本 - 当期生产成本}{上期生产成本} \times 100\%$	10	
	安全事故发生数	考核期内生产事故发生总数	15	
	培训计划完成率	$\dfrac{实际完成的培训项目}{计划培训项目} \times 100\%$	10	
	生产计划制订有效性		10	
备注	原料供应情况、6S及现场管理、车间生产环境维护等指标也要纳入考核范围			
本次合计得分				
被考核人签字		日期		
考核人签字		日期		

▼附表2-16　车间生产人员考核表

考核项目	考核内容	权重/%	评价标准	得分
生产任务	生产计划完成率	15	完成率__%，得__分 分为若干等级，根据完成率得分逐次递减	

续表

考核项目	考核内容	权重/%	评价标准	得分
生产任务	生产定额完成率	10	完成率__%，得__分 分为若干等级，根据完成率得分逐次递减	
	产品质量合格率	15	完成率__%，得__分 分为若干等级，根据完成率得分逐次递减	
岗位知识技能	岗位技能	15	（1）全部掌握本工段技能，__分； （2）掌握本工段三项以上的技能，__分； （3）掌握本工段两项以上的技能，__分； （4）基本掌握本工段所需最基础的技能，__分	
	对上级要求的执行情况	5	（1）深刻理解，__分； （2）基本理解，__分； （3）有一些了解，__分； （4）不了解，__分	
安全生产	劳动用品穿戴程度	5	（1）穿戴齐全，__分； （2）偶尔会有穿戴不齐全的情况出现，__分； （3）经常不穿戴劳保用品或者穿戴不齐全，__分	
	安全操作规范程度	5	（1）有极强的安全防范意识，严格执行安全操作规程，__分； （2）有较强的安全防范意识，基本按照操作规程进行操作，__分； （3）安全意识淡薄，操作无序，__分	
	工作现场卫生程度	5	（1）环境整洁、物品摆放有序，__分； （2）环境有×处不整洁的地方，物品摆放有序，__分； （3）环境有×处以上不整洁的地方，物品摆放杂乱，__分	
工作态度	工作主动性	5	（1）能积极主动地完成自己的本职工作，__分； （2）在别人的监督下能较好地完成工作，__分； （3）工作懈怠且工作业绩不能达到工作标准，__分	

续表

考核项目	考核内容	权重/%	评价标准	得分
工作态度	工作责任心	5	（1）具有较强的责任心，能彻底、顺利地完成工作任务，__分； （2）尚有责任心，能如期完成工作任务，__分； （3）缺乏责任心，需要时时督促才能勉强完成工作任务，__分	
	工作协调性	5	（1）总与本车间或相关部门的人员紧密合作，__分； （2）能与本车间或相关部门的人员紧密合作，__分； （3）与本车间或相关部门人员缺乏合作，__分	
劳动纪律	严格执行公司规章制度	10	（1）无串岗、脱岗及聚堆聊天现象，__分； （2）着装整洁、规范，__分	
编制人员		审核人员		批准人员	
编制日期		审核日期		批准日期	

附录2.4 销售部绩效考核方案

销售部绩效考核方案见附表2-17～附表2-21。

▼附表2-17 销售部门考核方案

被考核者			岗位			
考核项目	考核内容	权重/%	自我评价	自评分	考核分
客户开发	如：完成每日客户拜访量，并按要求完成客户单位无盲区（每周经营分析会汇报）	5			
	如：完成每周的新客户开发，及每月至少两次外埠市场拜访（每月总结汇总）	5			
销售指标	是否当月完成销售任务	5			
	当月有效成交量是否达到	10			
	销售增长率	10			
	销售毛利率/净利润率	10			
客户管理	新增客户数、老客户流失等情况	5			
	新老客户基本信息、签单合同等档案资料的保管以及定期更新状况	10			
	按时完成所负责的客户服务工作，客户满意度	10			

续表

被考核者		岗位			
考核项目	考核内容	权重/%	自我评价	自评分	考核分
回款率	应收账款完成率	10			
工作态度	工作积极主动，能按时、圆满地完成各项工作	5			
	敬业、认真，有责任心，工作无差错	5			
专业技能	业务熟练、技能娴熟，掌握必要的岗位知识，满足基本工作要求	5			
	能积极主动地学习与本职有关的知识，并帮助团队一起进步	5			

其他工作或未完成的工作（其他积分或减分项目）

月度考核结果						绩效评价/评估
总分						
评定	优秀	良好	及格	待改进	不及格	
分值	85分以上	80~84分	70~79分	60~69分	60分以下	
奖金						考核者签字： 日期：
建议及改进计划						

被考核人签字：　　　　　　　　　　　　　　日期：

▼附表2-18　销售经理考核表

被考核人			所属部门		
考核人			考核时间		
考核项目	KPI指标	指标说明		权重/%	得分
销售目标管理	销售额	销售数量×产品单价（售价）		10	
	销售计划完成率	$\dfrac{实际销售额}{计划销售额} \times 100\%$		10	
	增长率	$\dfrac{当前销售额-上期销售额}{上期销售额} \times 100\%$		5	

续表

被考核人		所属部门		
考核人		考核时间		
考核项目	KPI指标	指标说明	权重/%	得分
销售目标管理	毛利率	$\frac{销售收入-销售成本}{销售收入} \times 100\%$	5	
	新品市场占有率	$\frac{新产品销售额-当前该类产品}{销售额} \times 100\%$	15	
销售费用控制	节省率	$\frac{销售费用预算-实际发生的销售费用}{销售费用预算} \times 100\%$	10	
客户管理	新增客户数量	考核期内新增客户数量	10	
	客户保有率	$\frac{客户保有量}{客户实际量} \times 100\%$	5	
销售账款管理	回款率	$\frac{实际回收款}{计划回收款} \times 100\%$	10	
	坏账率	$\frac{年坏账额}{赊销总额} \times 100\%$	10	
销售人员管理	培训计划完成率	$\frac{实际完成的培训项目}{计划培训项目} \times 100\%$	5	
	部门员工达标率	$\frac{考核达标员工数}{员工总数} \times 100\%$	5	
本次合计得分				
被考核人签字		日期		
考核人签字		日期		

▼附表2-19　促销主管考核表

被考核人		所属部门		
考核人		考核时间		
考核项目	KPI指标	指标说明	权重/%	得分
促销方案管理	制作完成率	$\frac{完成的方案}{计划制作的方案} \times 100\%$	10	
	目标达成率	$\frac{达到预期的方案}{方案总数} \times 100\%$	10	
促销费用管理	费用支出	促销活动所花费用之和	10	
	节省率	$\frac{促销费用预算-实际花销}{促销费用预算} \times 100\%$	10	

续表

被考核人		所属部门		
考核人		考核时间		
考核项目	KPI指标	指标说明	权重/%	得分
促销活动管理	促销额	因促销活动带来的收入之和	10	
	完成率	$\frac{实际完成的促销数}{计划促销数} \times 100\%$	20	
	销售增长率	$\left(\frac{活动后销售额}{活动前销售额} - 1\right) \times 100\%$	15	
客户管理	客户投诉处理率	$\frac{投诉的处理量}{总的投诉量} \times 100\%$	10	
促销员管理	培训计划完成率	$\frac{实际完成的培训项目}{计划培训项目} \times 100\%$	5	
本次合计得分				
被考核人签字		日期		
考核人签字		日期		

▼附表2-20 区域主管考核表

被考核人		所属部门		
考核人		考核时间		
考核项目	KPI指标	指标说明	权重/%	得分
销售目标管理	销售额	销售数量×产品单价（售价）	20	
	计划完成率	$\frac{实际销售额}{计划销售额} \times 100\%$	20	
	增长率	$\frac{当前销售额 - 上期销售额}{上期销售额} \times 100\%$	10	
	毛利率	$\frac{销售收入 - 销售成本}{销售收入} \times 100\%$	10	
销售费用控制	费用率	$\frac{销售费用}{销售收入} \times 100\%$	10	
	回款率	$\frac{实际回收款}{计划回收款} \times 100\%$	5	
区域市场管理	市场占有率	$\frac{产品销量}{该区域整个市场销售总量} \times 100\%$	15	
	新增客户数量	考核期内新增客户数量	5	

续表

被考核人		所属部门		
考核人		考核时间		
考核项目	KPI指标	指标说明	权重/%	得分
销售人员管理	培训计划完成率	$\dfrac{实际完成的培训项目}{计划培训项目} \times 100\%$	5	
本次合计得分				
被考核人签字		日期		
考核人签字		日期		

▼附表2-21　销售代表考核表

被考核人		所属部门		
考核人		考核时间		
考核项目	KPI指标	指标说明	权重/%	得分
销售计划完成情况	产品销售额	销售数量×产品单价（售价）	20	
	销售计划达成率	$\dfrac{实际销售额}{计划销售额} \times 100\%$	20	
	合同履约率	$\dfrac{实际履约合同数}{签约合同数} \times 100\%$	10	
	回款率	$\dfrac{实收销售款}{销售总收入} \times 100\%$	15	
	销售费用率	$\dfrac{销售费用总支出}{产品销售收入} \times 100\%$	15	
	新增客户数	考核期内新增客户数量	15	
	销售报告完成情况	规定时间内销售总结的上报数量	5	
本次合计得分				
被考核人签字		日期		
考核人签字		日期		

附录2.5 物流部绩效考核方案

物流部绩效考核方案见附表2-22～附表2-25。

▼附表2-22　物流部门考核方案

被考核人		所属部门	物流部	
考核人		考核时间		
考核项目	KPI指标	指标说明	权重/%	得分
成本控制	物流成本率	$\dfrac{\text{年物流成本}}{\text{年销售额}} \times 100\%$	15	
物流配送管理	送货准时率	$\dfrac{\text{准时送达订单数}}{\text{（可统计）订单总单数}} \times 100\%$	10	
	货损率	$\dfrac{\text{货损量}}{\text{货运总量}} \times 100\%$	10	
	货差率	$\dfrac{\text{货差量}}{\text{货运总量}} \times 100\%$	10	
	订单满足率	指一定时期内满足订单的数量与订单总数的比率	10	
	完美订单率	送货准确率、货损货差率、准时回单率、查询响应率100%达标占可统计订单总单数的比例	10	
	运输/库存破损赔偿率	在某一时间段内，由于运输、仓储所造成的货物破损赔偿占该时间段内的物流业务收入的比率	10	
	货运质量事故次数	指报告期内，由于承运部门的责任造成的货损、货差等货运质量事故的实际件数	10	
客户满意度管理	客户投诉率	客户投诉的次数与总的服务次数的比率	5	
	客户满意度	客户满意评价	5	
员工培训管理	培训计划完成率	$\dfrac{\text{实际完成的培训项目}}{\text{计划培训的项目}} \times 100\%$	5	
本次考核得分合计				
被考核人签字		日期		
考核人签字		日期		

▼ 附表2-23　运输主管考核量表

被考核人		所属部门	物流部	
考核人		考核时间		
考核指标	指标说明		权重/%	得分
订单响应时间	从接到订单到答复能否满足订单的平均时间		10	
订单处理正确率	$\dfrac{无差错订单处理数}{订单总数} \times 100\%$		15	
运输准点率	$\dfrac{在规定时间内运送货物到指定地点的次数}{总运输次数} \times 100\%$		15	
货损率	$\dfrac{货损量}{货运总量} \times 100\%$		15	
货差率	$\dfrac{货差率}{货运总量} \times 100\%$		15	
车辆满载率	表明车辆标记载重量被实际有效利用的程度		10	
运输信息及时跟踪率	每一笔货物运输出去以后，物流企业向客户反馈运输信息的比率		10	
信息反馈时间	从客户发出信息需求到客户收到准确信息所用的时间		10	
本次考核得分合计				
备注	除了上述量化的考核指标外，运输路线规划的合理性（有无重复运输、空载等现象发生）也是考核运输主管工作绩效的重要内容			
被考核人签字		日期		
考核人签字		日期		

▼ 附表2-24　物流人员考核量表

方案名称	物流人员绩效考核方案	编号	
		执行部门	

一、考核目的

　　1. 提高运营服务的质量，培强服务意识。

　　2. 加强部门团队的管理和建设，提升在岗人员的专业素质，鼓励先进，教育落后。

　　3. 为员工奖惩、培训、职务调动等提供依据。

二、考核对象

　　运营工作各环节的在岗操作人员，包括信息、作业、运输等岗位人员。

三、考核指标设立原则

　　1. 全面性。指标应能够全面、系统地评价物流部门工作的质量。

方案名称	物流人员绩效考核方案	编号	
		执行部门	

2. 代表性。影响工作绩效的因素有很多，代表性原则要求选择关键性因素，在指标设计时要注意在这方面进行权衡。
3. 经济性。在设计指标时，应充分考虑到成本效益因素，必须在指标数据的获取成本和带来的效益之间进行权衡。
4. 可操作性。主要是指指标项目的易懂性和有关数据的可行性。这是设置评价指标体系必须考虑的一项重要因素。

四、考核内容

对物流人员的考核，主要包括表1所示的五部分内容。

表1 物流人员考核内容

考核项目	考核指标	权重/%	分数	评分标准	得分
运输计划	需求满足率	10	10	每低于目标值__%，减__分	
运输过程	货物及时发货率	5	5	每低于目标值__%，减__分；低于__%，此项得分为0	
	货物准时送达率	10	10	每低于目标值__%，减__分；低于__%，此项得分为0	
	货物完好到达率	15	15	每低于目标值__%，减__分；低于__%，此项得分为0	
	运输信息及时跟踪率	15	15	每低于目标值__%，减__分	
库存管理	库存完好率	10	10	每低于目标值__%，减__分；低于__%，此项得分为0	
	发货准确率	10	10	每低于目标值__%，减__分；低于__%，此项得分为0	
客户服务	客户投诉率	10	10	每高出目标值__%，减__分	
	客户投诉处理时间	5	5	每出现一次不及时处理的情况，减__分	
成本控制	运输/库存破损赔偿率	5	5	每高出目标值__%，减__分	
	物流成本率	5	5	每高出目标值__%，减__分	

五、考核实施管理

1. 考核规定及操作培训

（1）公司人力资源部负责考核规定及操作的培训工作。

（2）物流部门负责人负责在部门内宣传、讲解考核规定及对本部门员工实施评估。

2. 考核结果评定与运用

考核结果分为表2所示的五个等级。

方案名称	物流人员绩效考核方案	编号	
		执行部门	

表2 考核结果划分

考核等级		占考核人数比例/%
优秀	A	5
良好	B	15
一般	C	55
基本合格	D	20
不合格	E	5

考核结果为A等和B等的员工在下年度可按比例调薪；公司在有适当职位空缺或新的职位需求时，会在考核结果为A等的员工中进行升迁和调配；对考核结果为C等的员工，薪资等级不变；考核结果为D等、E等的员工，公司对其进行培训、转岗等处理。

编制人员		审核人员		批准人员	
编制日期		审核日期		批准日期	

▼附表2-25 快递人员考核量表

被考核人		所属部门	物流部	
考核人		考核时间		
考核指标	指标说明		权重/%	得分
派件及时率	$\dfrac{及时派件数量}{派件总数} \times 100\%$		20	
派件准确率	$\dfrac{准确派件数量}{派件总数} \times 100\%$		20	
派件任务完成率	$\dfrac{完成派件数量}{派件任务数} \times 100\%$		15	
派送件完整率	$\left(1-\dfrac{派送件受损量}{派件总数}\right) \times 100\%$		20	
客户有效投诉次数	客户有效投诉的次数总和		25	
本次考核得分合计				
备注	除了上述量化的考核指标外，快递路线的合理性、款项交付情况、回单完整情况等，也是考核快递人员工作绩效的重要内容			
被考核人签字		日期		
考核人签字		日期		

附录2.6 财务部绩效考核方案

财务部绩效考核方案见附表2-26～附表2-30。

▼附表2-26　财务部岗位绩效考核表

被考核者						岗位				
考核项目	考核指标	指标定义	考核目标	分值		评分标准	考核结果	得分	考核者	数据来源
费用控制	财务费用控制率	$\dfrac{\text{财务费用}}{\text{预算财务费用}} \times 100\%$	100%，超出预算及时反映	10		每超出3个百分点扣1分，每降低3个百分点加1分			财务经理	
	部门费用控制率	$\dfrac{\text{部门发生费用}}{\text{部门预算费用}} \times 100\%$	100%，超出预算及时反映	10		每超出3个百分点扣1分，每降低3个百分点加1分			财务经理	
	全面预算控制率	$\dfrac{\text{公司发生费用}}{\text{销售收入}} \times 100\%$	22%，超出预算及时反映	20		每超出3个百分点扣1分，每降低3个百分点加1分			财务经理	
工资发放	工资发放及时性	每月16日前要及时发放工资	100%	5		每延迟一次错误扣1分			财务经理	
	工资发放准确性	发放工资金额要准确	100%	10		每出现一次错误扣2分			财务经理	
账务处理	账务处理出错率	$\dfrac{\text{出错的制单数}}{\text{当月制单数}} \times 100\%$	控制在5%以内	15		每超过1%扣1分			财务经理	
财务报表	财务报表的及时性	要求报送的报表要及时提交	及时报送	10		每延迟一次扣2分			财务经理	
	财务报表的准确率	$\dfrac{\text{出错报表数}}{\text{财务报表总数}} \times 100\%$	100%准确	10		每错误一次扣2分			财务经理	
综合评价	评价工作态度和工作能力			10		工作态度积极，各项工作能够及时完成			财务经理	直接上级给予

书面评价：

▼附表2-27 财务经理考核量表

被考核人		所属部门	财务部门	
考核人		考核时间		
考核项目	KPI指标	指标说明	权重/%	得分
财务预算管理	计划、预算编制准确及时率	预算编制的偏差及完成时间的延误情况	10	
应收账款管理	应收账款周转率	公司一定时期内,营业收入(销售收入)与平均应收账款余额的比率	5	
	应收账款回收率	反映企业应收账款的变现速度	10	
	坏账率	反映公司财务管理能力	10	
资金管理	筹资计划完成率	用于考核筹资的及时性、足额性	10	
	资金供应及时性	因资金供应不及时而影响公司经营活动顺利进行的情况	10	
成本费用管理	财务费用率	$\frac{财务费用}{主营业务收入} \times 100\%$	10	
	成本费用利润率	$\frac{利润总额}{成本费用总额} \times 100\%$	10	
财务报表管理	财务报表及分析报告编制及时性	报表及分析报告提交的延迟情况	5	
	财务报表数据的准确性	各类财务报表数据是否准确无误	10	
客户管理	内部客户满意度	公司各部门、分支机构的综合满意程度	5	
	外部客户满意度	外部客户的综合满意程度	5	
本次考核合计得分				
被考核人签字		日期		
考核人签字		日期		

▼附表2-28 会计人员考核量表

被考核人		所属部门	财务部门	
考核人		考核时间		
考核指标		指标说明	权重/%	得分
财务报表完成的及时性	财务报表及时完成的情况		20	

续表

被考核人		所属部门	财务部门	
考核人		考核时间		
考核指标	指标说明		权重/%	得分
财务报表准确性	会计核算、财务报表出现差错的情况		30	
账务处理及时性	$\dfrac{财务及时处理次数}{财务处理总次数} \times 100\%$		30	
账实相符率	当期账面价值与资产实际情况相符程度		20	
本次考核合计得分				
备注	除了上述列举的考核指标外,费用报销审核的准确性、原始凭证填制的准确性、会计资料保管完好性也是考核会计工作的重要内容			
被考核人签字		日期		
考核人签字		日期		

▼附表2-29　出纳人员考核量表

被考核人		所属部门	财务部门	
考核人		考核时间		
考核指标	指标说明		权重/%	得分
记账凭证编制的准确性	发生差错凭证与总编制凭证的对比情况		20	
现金收支的准确度	现金收支的差错情况		30	
记账工作的及时性	各种凭证及时记录		30	
纳税申报的及时性	按有关规定及时完成纳税申报和办理工作		20	
本次考核合计得分				
备注	费用报销手续办理的完备性;现金、票据、印章的安全、完好性及其他业务完成情况也是考核出纳工作不可缺少的内容			
被考核人签字		日期		
考核人签字		日期		

▼附表2-30　财务人员考核办法

方案名称	××公司财务人员考核办法	编号	
		执行部门	

　　为加强公司财务工作的规范管理,进一步强化财务人员工作责任,提高工作效率,促进财务人员今后自身的发展,特制订本考核办法

续表

方案名称	××公司财务人员考核办法	编号	
		执行部门	

一、考核对象

　　财务部财务人员（总会计师和财务经理除外）。

二、考核频率

　　对本公司财务人员的考核，采取季度考核与年度考核相结合的形式。

三、考核内容

　　考核的内容主要围绕公司财务人员岗位职责履行情况、服务质量、工作纪律、额外工作完成情况四个方面。

　　1. 岗位职责履行情况。履行职责的业务水平，完成工作任务的数量、质量、效率，对相关财经法规、制度、办事流程、财务系统的熟悉程度等。对公司材料会计、成本会计、出纳三个岗位的岗位职责履行情况的考核内容见下表1。

表1　部分岗位职能履行情况考核内容

岗位	考核内容
材料会计	（1）材料和费用报销审核的准确性； （2）固定资产管理账实相符和计提的准确性； （3）稽核仓库出入手续的及时准确性； （4）原始凭证填制的准确性
成本会计	（1）生产费用分配的合理性； （2）材料稽核的及时准确性； （3）成本管理分析总结的及时准确性
出纳	（1）现金、银行存款、有价证券和各种印鉴保管的安全完整性； （2）纳税申报的及时性和准确性； （3）办理银行承兑的准确性和及时性

　　2. 服务质量。职业道德表现，工作态度，敬业精神，领导、同事以及客户满意度等。

　　3. 工作纪律。公司规章制度遵守情况。

　　4. 额外工作的考核

　　（1）额外工作分为指令性工作和创造性工作两大类。指令性工作为领导临时安排完成的工作；创造性工作为因个人在工作中主动思考发现的特殊情况，且经领导同意后而开展的临时性工作。

　　（2）对于额外工作的完成情况考核。额外工作按计划进度完成，且符合目标要求者得到相应分数。未按计划进度完成者，超过第一天扣除该项分数的__%，超过第二天扣除该项分数的__%，超过第三天扣除该项分数的__%，超过第四天扣除该项分数的__%。

续表

方案名称	××公司财务人员考核办法	编号	
		执行部门	

四、绩效管理

1. 建立沟通和动态监控制度

日常工作中，考核人员要对被考核人员加强动态管理，督促检查被考核人员的工作完成进度。在考核结束之后，考核人员要做好与被考核人员的沟通谈话，指出其工作中的优点和不足，及时指出下一步工作努力的方向，以帮助被考核人不断提高工作能力和综合素质。

2. 考核评估管理

（1）每月×号前考核人员依据每个人的考核资料完成情况进行量化打分、综合评价等，并确定被考核人员的完成情况。

（2）总会计师和财务部经理对各中心的主管、初级主管和财务部本部工作人员进行考核和综合打分；各中心主管对其下属工作人员进行考核和综合打分。最后由财务部汇总考核结果，排队列出每一位人员的综合得分，最好由总会计师召集人员讨论，完成对每一位财务人员的考核定格。

五、考核结果具有的效力

1. 决定员工职位升降的主要依据。
2. 与员工工资奖金挂钩。
3. 与福利（培训、休假）等待遇相关。
4. 决定对员工的奖励与惩罚。
5. 决定对员工的解聘。

编制人员		审核人员		批准人员	
编制日期		审核日期		批准日期	

附录2.7 行政部绩效考核方案

行政部绩效考核方案见附表2-31~附表2-34。

▼附表2-31 行政经理考核量表

被考核人		所属部门	行政部门	
考核人		考核时间		
考核项目	KPI指标	指标说明	权重/%	得分
行政费用控制	办公费用预算达成率	$\dfrac{实际办公费用}{计划费用} \times 100\%$	15	
行政事务管理	文件处理及时率	$\dfrac{在规定时间内完成的文件数}{在规定时间内应完成的文件数} \times 100\%$	20	
	办公用品供应及时性	所需办公用品未能及时供应的次数	15	
	行政办公设备完好率	$\dfrac{完好设备台数}{设备总台数} \times 100\%$	15	

续表

被考核人		所属部门	行政部门	
考核人		考核时间		
考核项目	KPI指标	指标说明	权重/%	得分
行政事务管理	合理化建议被采纳数量	当期提出合理化建议被公司采纳的数量	10	
	文件资料归档率	$\frac{已归档的人事档案数量}{应归档的总数} \times 100\%$	10	
满意度管理	行政服务满意度	公司内部对本部门服务支持的满意度评价	15	
本次考核合计得分				
被考核人签字		日期		
考核人签字		日期		

▼附表2-32　后勤主管考核量表

被考核人		所属部门	行政部门	
考核人		考核时间		
考核指标	指标说明		权重/%	得分
行政后勤费用	实际行政后勤费用支出情况与计划预算费用的偏差		10	
车辆完好率	该指标反映在考核期内，车辆状况良好，可随时出车进行工作的车辆的情况		15	
车辆调度合理性	相关部门因车辆调度不合理而引起的投诉情况		15	
环境卫生达标率	$\frac{环境卫生考评达标次数}{环境卫生考核总次数} \times 100\%$		15	
（公司）基础设施故障率	$\frac{出故障设施}{设施总数} \times 100\%$		15	
安全事故发生次数			15	
后勤服务满意度	员工对后勤部服务工作满意度评分情况		15	
本次考核合计得分				
备注	本处所指的安全事故，是指企业辖区内所有消防安全、意外事故及盗窃事件等，车间工伤除外			
被考核人签字		日期		
考核人签字		日期		

▼附表2-33 车辆主管考核量表

被考核人		所属部门	行政部门	
考核人		考核时间		
考核指标	指标说明		权重/%	得分
车辆完好率	该指标反映在考核期内,车辆状况良好可随时出车进行工作的车辆的情况		20	
出车及时率	$\dfrac{出车及时次数}{总的出车次数} \times 100\%$		15	
每百公里耗油量			15	
车辆维修成本			20	
办理车辆年检等手续的及时性	考核期内未能及时办理各种车辆手续的次数		15	
派车管理的合理性	考核期内相关部门因车辆调度不合理引起的投诉情况		15	
本次考核合计得分				
备注				
被考核人签字		日期		
考核人签字		日期		

▼附表2-34 行政秘书考核实施细则

方案名称	××公司行政秘书考核实施细则	编号	
		执行部门	

一、考核目的

为改进本部门行政秘书的工作,更好地发挥办公室的服务职能,也为了全面、准确地评价行政人员的工作业绩,特制订本考核实施细则。

二、考核方式

对行政秘书的考核采取自我评述和上级评价相结合的方式进行。

1. 自我评述

考核前,行政秘书按规定提交一份书面考核报告。

2. 上级评价

考核人员根据行政秘书的岗位职责、绩效考核指标、标准和工作绩效记录,客观、公正地对被考核人员进行考核。

三、考核实施

1. 对行政秘书人员的考核,分为季度考核与年度考核两种,由人力资源部负责统一安排,行政部门负责考核的具体实施工作。
2. 行政部经理根据被考核者的实际工作表现,对考核者进行评估,其考核内容见表1。

续表

方案名称	××公司行政秘书考核实施细则	编号	
		执行部门	

表1 秘书岗位考核表

考核项目		考核内容
工作业绩	文件录入、打印	（1）每出现不规范或错误的情况一次，减__分； （2）在规定的时间内完成，每延迟一次，减__分
	公文处理	（1）在规定的时间内完成，每延迟一次，减__分； （2）行文规范、准确，每出现不规范或错误的情况一次，减__分
	文件管理	负责外来信函、传真、报纸等文件的收发和传送，文书档案归档率达到__%，出现延误或差错的情况每发生一次，减__分
	出差人员旅程安排	安排符合出差人员的要求，按时准确预订票务，出现延误或差错的情况每发生一次，减__分
	会议管理	（1）会议组织有序，因会议准备工作不充分而影响会议顺利进行的情况每发生一次，减__分； （2）会议纪要延迟或出现错误情况一次，减__分
	公务用车管理	合理安排企业内部公务用车，出现延误或差错的情况每发生一次，减__分
工作能力	文字能力	（1）行文流畅、准确、迅速，几乎不用修改，__~__分； （2）行文较快且准确，但要做一定修改，__~__分； （3）行文速度一般，需要较大修改，__~__分； （4）行文慢且错误太多，__~__分
	沟通能力	（1）善于倾听，具有出色的语言、文字表达技巧，__~__分； （2）能够倾听，语言、文字表达比较准确，__~__分； （3）语言、文字尚能表达清楚意图，__~__分； （4）语言、文字表达含糊，意图不清，__~__分
工作态度	工作积极性	（1）工作非常积极，工作任务从来不会延迟，__~__分； （2）工作较为积极，工作任务极少延迟，__~__分； （3）工作相当积极，工作任务偶尔也会延迟，__~__分； （4）工作不太积极，工作任务经常会延迟，__~__分
	团队意见	（1）有强烈的团队意识，总是主动协助他人完成工作，__~__分； （2）有较强的团队意识，经常主动协助他人完成工作，__~__分； （3）有相当的团队意识，偶尔主动协助他人完成工作，__~__分； （4）有一定的团队意识，极少主动协助他人完成工作，__~__分

续表

方案名称	××公司行政秘书考核实施细则	编号	
		执行部门	

根据考核者的得分,企业将其结果划分为五个等级,具体内容见表2。

表2 考核结果划分

等级	等级说明	分值范围
A——优秀	各项工作都很优秀	90分以上
B——良	工作任务完成,部分工作绩效超出一般标准	80~90分
C——好	工作任务全面完成,没有不良评价	70~80分(不包括80分)
D——合格	基本完成工作目标,有少量工作完成不够及时	60~70分(不包括70分)
E——需提高	工作目标未达成,有待提高	60分以下

编制人员		审核人员		批准人员	
编制日期		审核日期		批准日期	

附录2.8 电子商务部绩效考核方案

电子商务部绩效考核方案见附表2-35~附表2-39。

▼附表2-35 电子商务经理考核量表

被考核人			所属部门	行政部门
考核人			考核时间	
考核项目	KPI指标	指标说明	权重/%	得分
电子商务平台建设	电子商务运营方案制订及时性	$\dfrac{\text{及时制订的电子商务运营方案个数}}{\text{应制订的电子商务运营方案个数}} \times 100\%$	10	
	电子商务运营方案一次性通过率	$\dfrac{\text{一次性通过的电子商务运营方案个数}}{\text{报审的电子商务运营方案个数}} \times 100\%$	5	
电子商务平台运营管理	点击率	指网站页面上某一内容被点击的次数与被显示的次数之比	10	
	活跃用户数	会不时光顾网站并带来一定价值的用户数量	15	
	产品销售额	电子商务平台上实现的产品销售总额	20	
	费用预算达成率	$\dfrac{\text{实际费用支出}}{\text{预算费用}} \times 100\%$	10	
	电子商务平台运营故障次数	电子商务平台出现运营故障的次数	10	
	客户满意度评分	客户对电子商务平台的满意度评分的平均值	10	

续表

被考核人			所属部门		行政部门	
考核人			考核时间			
考核项目	KPI指标	指标说明			权重/%	得分
电子商务人员管理	培训计划完成率	$\dfrac{实际完成的培训项目（次数）}{计划培训的项目（次数）} \times 100\%$			5	
	绩效考核合格率	$\dfrac{部门员工绩效考核合格人数}{部门员工参加绩效考核总人数} \times 100\%$			5	
本次考核合计得分						
被考核人签字			日期			
考核人签字			日期			

▼附表2-36　网店推广专员考核量表

被考核人		所属部门		电子商务部门	
考核人		考核时间			
考核指标	指标说明			权重/%	得分
网络广告点击次数	网络广告被点击访问的次数			15	
网页浏览数	所有访问者浏览的页面数量			15	
平均日访客数	$\dfrac{总的独立访客数}{天数} \times 100\%$			15	
平均停留时间	用户一段时间内，每次访问网站页面的平均停留时间			15	
网站回头率	在24小时之内，同一用户访问网站的次数			20	
网站转化率	$\dfrac{用户进行相应目标行动的访问次数}{用户总访问次数} \times 100\%$			20	
本次考核合计得分					
备注	除了上述量化的考核指标外，网店推广专员的团队协作能力、创新能力、问题发现与解决能力等也是其重要的考核内容				
被考核人签字		日期			
考核人签字		日期			

▼附表2-37　网店销售员考核量表

被考核人		所属部门	电子商务部门	
考核人		考核时间		
考核指标	指标说明		权重/%	得分
未及时响应次数	客户咨询时，未及时响应的次数		10	
咨询转换率	$\dfrac{最终下单的人数}{接待的咨询人数}\times100\%$		25	
成交额转换率	$\dfrac{个人成交金额}{电子商务部门平均成交金额}\times100\%$		20	
换货率	$\dfrac{换货单量}{成交单量}\times100\%$		10	
退货率	$\dfrac{退货单量}{成交单量}\times100\%$		15	
差评次数	由服务态度导致客户给出差评的次数		20	
本次考核合计得分				
备注	除了上述量化的考核指标外，服务规范用语情况、服务意识、售后问题处理情况等也是考核网店销售员工作绩效的重要内容			
被考核人签字		日期		
考核人签字		日期		

▼附表2-38　网店配货员考核量表

被考核人		所属部门	电子商务部门	
考核人		考核时间		
考核指标	指标说明		权重/%	得分
配单准确率	$\left(1-\dfrac{丢单量+错单量}{总订单量}\right)\times100\%$		20	
订单延时率	$\dfrac{非第三方物流原因造成的订单延时发送次数}{订单总数}\times100\%$		20	
残次品流出率	$\dfrac{残次品流出件数}{产品发出件数}\times100\%$		15	
货品包装合格率	$\left(1-\dfrac{货品包装不合格件数}{货品包装总件数}\right)\times100\%$		15	
发货信息反馈及时率	$\dfrac{及时内部通报发货信息的次数}{应及时内部通报发货信息的次数}\times100\%$		10	

续表

被考核人		所属部门	电子商务部门	
考核人		考核时间		
考核指标	指标说明		权重/%	得分
客户有效投诉次数	客户有效投诉的次数总和		20	
本次考核合计得分				
备注	除了上述量化的考核指标外,发票匹配情况、快递单匹配情况、底单完整情况等也是考核网店配货员工作绩效的重要内容			
被考核人签字		日期		
考核人签字		日期		

▼附表2-39　电子商务人员考核办法

方案名称	××公司电子商务人员考核办法	编号	
		执行部门	

一、考核目的

为加强对电子商务人员的管理,公平、公正地考核员工工作绩效,提高员工的整体职业水平,提升销售业绩,激励成绩突出的员工,鞭策落后员工,实现员工多劳多得,特制订本考核办法。

二、适用范围

本办法适用于电子商务部部门经理级以下所有已转正的员工。

三、考核周期

每月1日至月末最后一日,即以每个自然月为一个考核周期。

四、考核原则

1. 定量考核+定性考核。
2. 定量考核要做到严格标准,定性考核要做到公平、客观。
3. 考核结果与员工收入直接挂钩。

五、考核指标

对电子商务人员的考核,主要从工作业绩、工作态度、工作能力三个方面进行,具体指标见表1。

表1　电子商务人员考核内容

考核项目	考核指标	权重/%	评价标准	得分
工作业绩	订单数量	15	(1)订单数量≥__个,__分; (2)__个<订单数量≤__个,__分; (3)订单数量<__个,__分	
	销售额	30	(1)销售额≥__万元,__分; (2)__万元≤销售额<__万元,__分; (3)销售额<__万元,__分	

续表

方案名称	××公司电子商务人员考核办法	编号	
		执行部门	

考核项目	考核指标	权重/%	评价标准	得分
工作业绩	咨询转换率	15	（1）咨询转换率 = $\dfrac{最终下单的人数}{接待的咨询人数}\times 100\%$； （2）咨询转换率≥__%，__分； （3）__%＜咨询转换率≤__%，__分； （4）咨询转换率＜__%，__分	
	下单成功率	10	（1）下单成功率 = $\dfrac{最终付款的人数}{最终下单的人数}\times 100\%$； （2）下单成功率≥__%，__分； （3）__%＜下单成功率≤__%，__分； （4）下单成功率＜__%，__分	
	咨询回复率	5	（1）咨询回复率 = $\dfrac{回复的咨询数}{咨询总数}\times 100\%$； （2）咨询回复率≥__%，__分； （3）__%＜咨询回复率≤__%，__分； （4）咨询回复率＜__%，__分	
	咨询响应时间	5	（1）咨询响应时间≤__秒，__分； （2）__秒＜咨询响应时间≤__秒，__分； （3）咨询响应时间≥__秒，__分	
工作态度	出勤情况	5	（1）无迟到、无早退、无旷工，__分； （2）迟到、早退共计__次以内且无旷工的，__分； （3）迟到早退共计超过次，或有旷工，__分	
	服务态度	5	（1）服务态度热情，无客户投诉，__分； （2）服务态度较热情，一次客户投诉，但无差评，__分； （3）服务态度一般，有多次客户投诉或有差评的，__分	
工作能力	产品知识掌握程度	5	（1）掌握全部产品知识，__分； （2）掌握主要产品知识，__分； （3）掌握个别几种产品知识，__分	

续表

方案名称	××公司电子商务人员考核办法	编号	
		执行部门	

考核项目	考核指标	权重/%	评价标准	得分
工作能力	网络营销技能掌握情况	5	（1）熟练掌握网络营销技能，并能充分应用，__分； （2）基本掌握网络营销技能，并能适量应用，__分； （3）掌握基础网络营销技能，应用能力欠佳，__分	

六、考核结果划分

1. 考核采用百分制计分。

2. 根据考核得分，电子商务人员考核结果划分为五个等级，具体见表2。

表2 电子商务人员考核结果等级表

评分等级	E（不合格）	D（基本称职）	C（称职）	B（良好）	A（优秀）
占部门员工工作比例/%	5	25	45	20	5

七、考核结果应用

1. 绩效考核工资 = $\dfrac{\text{电子商务人员本月奖励性绩效工资总额}}{\text{电子商务人员绩效考核总分}} \times$ 本人绩效考核得分

（奖励性绩效工资总额根据销售毛利确定奖励）

2. 连续两个月被评为不合格员工将被警告，连续三个月被评为不合格将予以劝退。

3. 连续三个月被评为优秀员工将获年终特别奖。

编制人员		审核人员		批准人员	
编制日期		审核日期		批准日期	

参考文献

[1]道格拉斯·马克斯,罗伯特·贝克尔. 世界500强绩效考核标准——迅速提高绩效的方法. 郝文杰,马媛媛译. 哈尔滨:哈尔滨出版社,2005.

[2]李泽尧. 中国式绩效考核. 广州:广东经济出版社,2011.

[3]孙宗虎,李艳. 岗位绩效目标与考核实务手册. 3版. 北京:人民邮电出版社,2012.

[4]王胜会. 28大部门绩效考核指标设计全案. 北京:人民邮电出版社,2014.

[5]魏钧. 绩效考核指标设计. 北京:北京大学出版社,2010.